老　子

老　子

● 人と思想

高橋　進　著

1

CenturyBooks　清水書院

老子について

哲学や思想は、それを形成した人がみずからの哲理に生きる、生きようと努力することなしには、存在する意義をもたない。人間が自己をも含めて、現にこのように生きている――このことに十分に自覚的でない哲学や思想が生起することは、〈哲学の貧困〉を物語るのである。現代における哲学や思想の形成にとって、真に緊要なことは、たんに人間疎外《そがい》の諸状況を現象的に捉《とら》え、そのような現象を直接的に打破していこうとするレディーメイドの方法原理に立つことや、人類文化の現在までの到達度をもって推論の根拠とし、「文明の未来学」に現状改変の夢を託することではない――むしろ変革すべき現状を招来したほかならぬ人間存在の根源に立ち帰るところから、現代における哲学や思想の形成は出発しなければならないという点にあるのではなかろうか。

樸《ぼく》に帰れ

このように考えてくるとき、ここに一冊の書物として取り出した『老子』は、われわれにとって、いかなる意義があるのだろうか。端的にいって、『老子』思想の根底に一貫して流れているものは、人をも含めたあらゆる存在を、そのよって立つ根源に立ち帰って、個性的に生かすということである。あらゆる作為を廃して、個を、その存在の原点のところ、その存在の真の在りかたにすなおにまかせきることによって、かえって本来的に生かすのである。

「賢《けん》を尚《とうと》ばざれば民をして争わざらしむ。得がたきの貨《か》を貴《とうと》ばざれば民をして盗《ぬす》みを為さざらしむ。欲すべきを見《しめ》さざれば民の心をして乱れざらしむ。」(第三章)

これを愚民《ぐみん》政策の典型だとこきおろす偏見者はさておき、二千数百年も前にいわれたこの言葉は、すでに人類文化の至るべきなれの果てを予言しているといってもさしつかえないのではなかろうか。

いったい、文化・文明の〝文〟とは〝質《しつ》〟〝樸《ぼく》〟に対する語である。『老子』では、〝文〟はすべて人の作為によるもので、心身を労して作為するところ、そこに文はあり得ても、ものの真の在りかたは失われている、とされる。とすれば、人の要《い》らざる作為を加えない〝樸〟なる状態こそが、人の求めてやまぬ「ものの本来の在りかた」であろう。こざかしい知恵者をもてはやし、富や名利をたいせつなものとし、どうでもいいものをむやみにひけらかす――そこに華美《かび》と偽巧《ぎこう》は見られようとも、かえってそれによってものの真なる姿は失われてしまう。ものがおのずからそう在るところ、そう成るところにすなおに順《したが》おうとしない文化・文明は、かえって人心を困惑させる以外の何物でもない。それならば、老子は文化を否定したのかというとそうではない。真の文化とは、文飾《ぶんしょく》ではなくして、人間存在のまさしく根源にたち帰って求められるべきものでなければならない。老子はしきりに、「もとに帰れ」という。「嬰児《えいじ》に復帰す」「無極《むきょく》に復帰す」「樸《ぼく》に復帰す」(以上二十八章)の嬰児・無極・樸は、すべてもとの意であって、結局、それは老子のもっとも明らかにしたい〝自然の道〟に帰ることでもある。樸に徹した人間社会こそ、本来の人間の文化が成立する根底である。

それゆえに老子は「天地は不仁《ふじん》、万物をもって芻狗《すうく》となす。聖人は不仁、百姓《ひゃくせい》をもって芻狗となす。」（五章）という。芻狗とは、祭祀《さいし》に使うための草で作った犬。祭りが終われば捨ててかえりみない。天地はものの自然（ものがおのずからそう在る〜成ること）にまかせて、何らの作為を加えないから、かえって万物がおのずからそれぞれに落ち着きを得て生かされる。聖人もまた天地とその無為の徳を合するがゆえに、万人をそれぞれの個性に従って生かす、というのである。「不仁」はまた無為の意でもある。ごくわかりやすく通俗的にいえば、ふかなさけをかけないこと、おせっかいをしないこと、といった意味だろうか。

為すなくして為さざるなし

こうして、問題は「無為」ということにある。無為とは「道は常に為すなくして為さざるなし――無為而無不為」（三十七章）とあるように、文字通り何もしないということではない。無為であることによって、かえって全体を為し尽くすのである。『老子』に注釈を施した魏晋《ぎしん》時代の王《おう》弼《ひつ》（二二六〜二四九）という若くして亡くなった学者は、無為とは「自然に順《したが》う」ことだといった。しかも「無為而無不為《なすなくしてなさざるなし》」は道の常の働きそのものである。とすれば、老子における道とはいかなるものなのか。開巻第一章に「道の道とすべきは常道《つねのみち》にあらず。名の名とすべきは常名《つねのな》にあらず。……」という。常道・常名は、個々のもの・ことを対象として、それにつけられた道や名ではなく、むしろ差別相としての個物によって構成される現象の世界を超《こ》えた一般者、道を道とするもの、また個物に付与される名に対して、むしろその名を名とするもの——それを常道とか常名といったのである。

しかし、老子において表現しようとしている窮極《きゅうきょく》のもの、およそ存在するものの真の在りかたは、常道とか常名といった言葉に表現されるもので満足することはできない。道といってしまえば、もうすでにそれは人の往来する道を予想し、万物の由《よ》るべきところを定めてしまう。逆にいえば、由るところがあるから道というのである。万物の由るところという意味においては、たしかに道は表現し得る最大のものである。しかし、まだそれは何とも表現できないもの、すなわち王弼《おうひつ》のいわゆる〝無称《むしょう》の大〟にかなわない。そこで老子はついに、「自然」をもって無称の言、窮極の辞とする。なぜ道よりも「自然」が老子のいい表わそうとするものの当体を得ているか。「人は地に法《のっと》り、地は天に法り、天は道に法り、道は自然に法る。」（二十五章）といわれるように、道もまたその働きと性格において「自然」にのっとるからである。

「自然」とは「もののありのままの姿」そのものである。老子の関心はまさにこの一点に集中する。「もののありのままの姿」したがって、ものが「おのずからそう在る〜成る」実相そのものこそ、老子の把握した存在の窮極であった。これについてかりにあざ名して道といい、そしてその道が常に、「無為而無不為《なすなくしてなさざるなし》」とされたのである。無為とは、こうして、ものの自然に順《したが》うことであり、もののおのずからそう在る〜成るところにまかせきって作為を加えないことである。ものの自然にまかせて作為しなければ、かえってものはその本来のいのちに生きることができる。「為さざるなし」とは、およそ存在するものをその本来の在りかたに即して生かしきることでなければならない。もののいのち、ものの本来の在りかた——それがまた先にいった老子の〝樸《ぼく》〟である。そして、人がこのような道を体得したとき、そこに無為の徳が実現する。

老子のいう「上徳」とは、また無為而無不為《なすなくしてなさざるなし》である。これは先の道についていわれたのと同じである。つまり、徳とは、この「無為而無不為」としての道を日常具体のなかに実現する、または実践を通して道を証示することである。作為すればものの自然を失い、不作為なればかえってものはおのずから働いて自己自身に生きる。それが道につき順《したが》うことによって実現される老子の徳である。

まことに老子の思想は、虚無《きょむ》にさまよう逃避《とうひ》・隠遁《いんとん》の弁《べん》ではなくして、個物の実存を見きわめてそれに徹し、ものの自然にすなおに順《したが》うことによって、かえってものを生かす思想である。人間とはそもそも何であったのか——老子を通してわれわれはもう一度その問いの根源にたち帰って深く考えることを余儀《よぎ》なくされるであろう。

本書の執筆を依頼されてから長い日時が経過してしまった。理由はいろいろあるが、とにかくシリーズとして企画された清水書院に対し、多大のご迷惑をおかけしたことをここに深くお詫びする次第である。

（なお、本文に述べてある通り、『老子』なる書は、それを書いた老子という人物の実在も、またこの書ができあがった年代も、明確にはわからない。したがって、老子という人物の年譜《ねんぷ》を、本シリーズの他の思想家同様につくることはとてもできないので、これを省略してあることをおことわりしておきたい。）

昭和四五年五月

高橋　進

目次

Ⅲ　老子の思想

戦国時代の中国

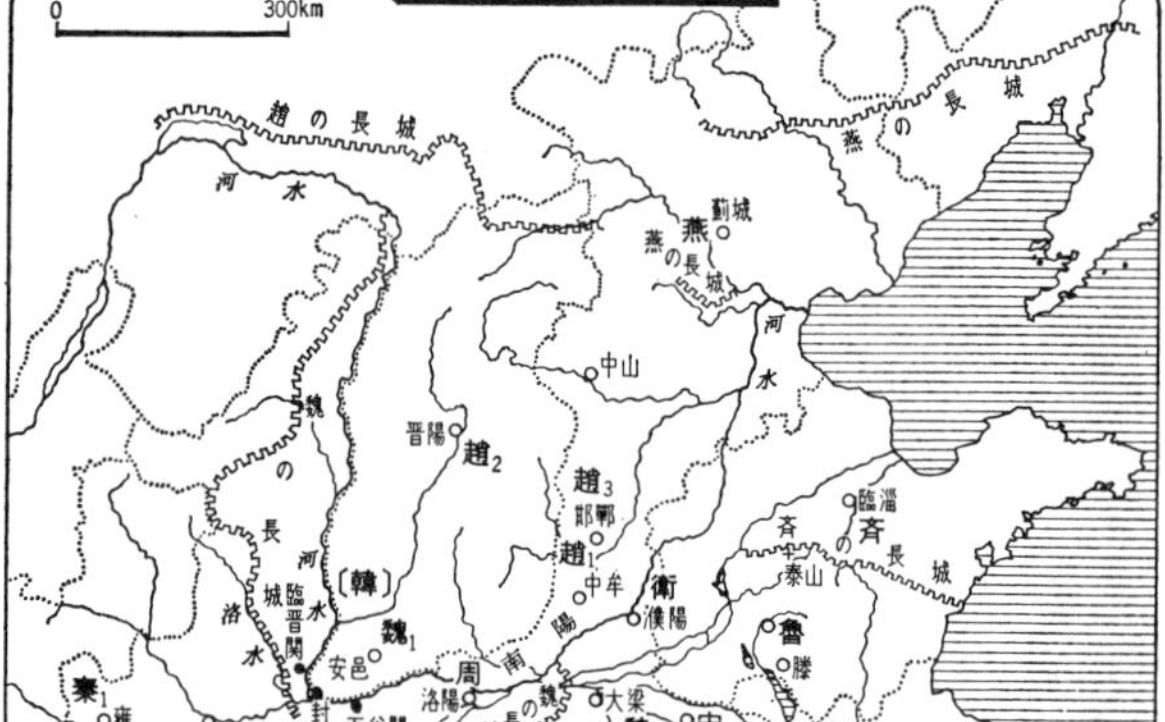

注：数字は歴史的変せんを示す

（松田・森編「アジア歴史地図」による）

Ⅰ　老子と『老子』書

概説

貴重な人類の文化遺産

何か新しい資料が出てくれば、混乱し不明であるとされていることがらが、はっきりと断定され得るであろう。『老子』という書物、および老子という人物について、これまで、数多くの学者が長い間研究してきているが、ついに、老子という人物がいつごろのどんな人であったか、いや、いったい老子という固有名詞をもった個人が実在したのかどうか、また、『老子』という書物は老子という個人によって書かれたものなのか、いつごろできたものなのか、……などなど、いろいろな説はあるが、ついにはっきりと断定できるほど、十分に説得力のある見解は出てきていない。

とにかく、老子および『老子』書は、それほど古い中国における文化的な遺産なのである。秦《しん》・漢帝国が成立する、それより何百年も前にすでに出現していたこの書物が、それにもかかわらず、最も中国人に愛読されてきたこと、中国人ばかりでなく、われわれ日本人にも、いや、世界の国々の人々に翻訳され、読み継がれてきたことは、まぎれもない事実である。つまり『老子』という書を書いた人物もはっきりわからなければ、いつごろできた本であるかも正確にはわからないのに、二〇〇〇年以上も経《へ》た現在に至るまで、その書物が存在し、世界の人々によって読まれてきている。それほど、この『老子』という書物は魅力《みりょく》のある本なのである。

いったいに、世界のどこの地域においてもそうだが、古い時代のことはよくわからない。歴史の源流に近づけば近づくほど、いわゆる歴史的事実も、その事実を構成した人物たちのことも、ぼんやりとした霞《かすみ》の向こうにおかれてしまう。いまここで文明の精神史的源流について語る余裕はないが、そういう源流、つまり文明の源には、こんにちに生きるわれわれ世界人類にとって、まことに魅力のある人物が出現していたのである。インドのシャカ、ギリシアのソクラテス、中国の孔子やここで問題にされる老子という人物も、またそのひとりであるといえよう。しかし、文明の原点近くに存在した人物のことは、はっきりとした生没年や、その人の名にかけられた文献や書物とともにわからなくても、それがこんにちまで伝承されてきて、しかも、いささかも何千年も前に形成された価値を失っていないということは、考えてみると不思議なことである。人類の歴史が始まって二千数百年もたてば、そうとうに人間は進歩しそうなものである。確かに、人間の知識は進歩したから、現在、社会主義とか自由主義とか、その政治体制を異にしても、世界の国々の形成した科学文明は、いわゆる宇宙時代を現出している。しかし、人間の精神というか、生き方というか、そういうものは、二千数百年くらい経《へ》たところでは、それほど変わっていないのであろう。それなるがゆえに、古い時代の、著者の生没年もはっきりわからず、確かにその人物が書いたかどうかもわからない書物が、重要な文化遺産、人類の知恵として愛されているのであろう。

だから、文明の原点近くには、そういうはっきりとわからない人物に仮託された、そのころの人間たちの知恵の集積があったのだ、そういうものが、こんにちの文明社会を形成するエネルギーになったのだとも、またいえるであろう。話題が少しそれたようだが、老子という人物にかけられた『老子』という書物を読んでみると、原点近くに生存した人間の、賢さ・知恵・透徹《とうてつ》さが感じられる。

さて、老子および『老子』書であるが、これについて全くわからないというわけではない。老子という人物の伝記がこんにちまで残されているのである。その最も古いものは、前漢中期、紀元前二世紀から紀元前一世紀ごろの大歴史家、司馬遷《しばせん》の書いた『史記』にみえる「老子韓非列伝《かんぴれつでん》」である。

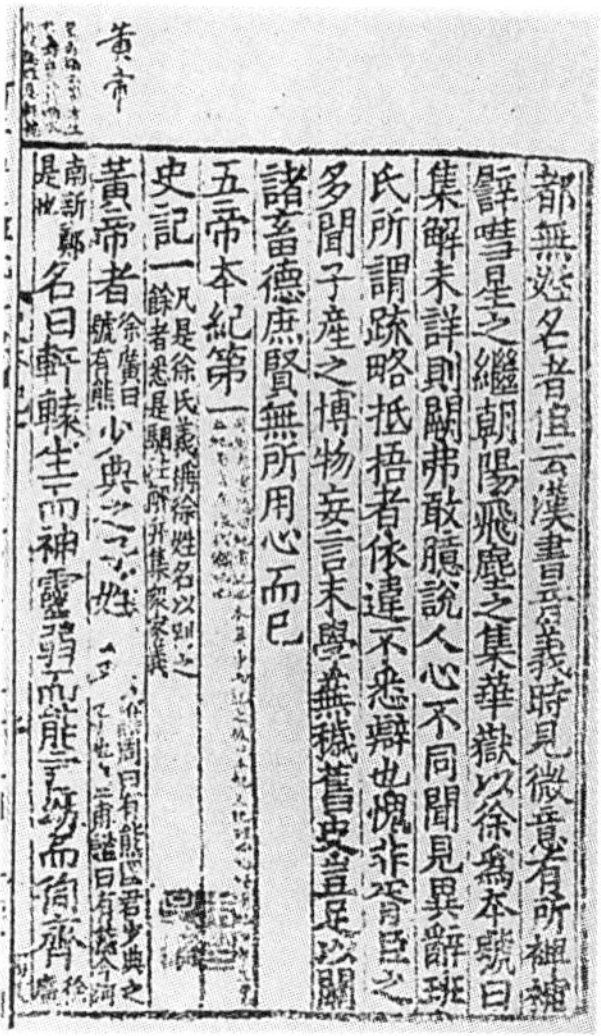
部無逖名者追云漢書云義時見微意有所裨補
譬嘒星之繼朝陽飛塵之集華嶽以徐爲本號曰
集解未詳則闕弗敢臆說人心不同聞見異辭班
氏所謂疏略抵捂者依違不悉辯也愧非胥臣之
多聞子産之博物妄言末學蕪穢舊史豈足以關
諸畜德庶賢無所用心而已
五帝本紀第一
史記一　凡是徐氏義稱徐姓名以別之餘者悉是駰注解并集衆家義
黃帝者　徐廣曰號有熊　少典之子姓
名曰軒轅生而神靈弱而能言幼而徇齊

『史記』五帝本紀，北宋版

われわれはまず、この司馬遷の残した資料を検討してみることにしよう。その前に、司馬遷という人がどんな人物だったか、かんたんにふれてみたい。

漢代の学問

経書の成立と歴史学

漢代の学問・思想の特徴といえることはそれ以前にはまだ諸子百家《しょしひゃっか》の一つにすぎなかった儒家思想が前漢武帝（紀元前一四一〜紀元前八八）の時、董仲舒《とうちゅうじょ》の建言をいれて儒学を尊重する方針がきまり、以後漢王朝の指導〜支配理念としての国教的性格をおびるようになり、諸子学に優位していちじるしく興隆したことである。儒学が官学になるにつれて、儒家思想のよりどころである経典《テキスト》の編成・整備が行なわれ、また、これに対する字句の解釈や注釈が、主として学問をする者の重要な任務となった。これを一般に訓詁《くんこ》の学風という。

伏生

　どうしてこのような学問傾向になったかというと、それには理由がある。前代の秦《しん》帝国を創立した有名な始皇帝は、焚書坑《ふんしょこう》儒《じゅ》といって、思想統制のために史官秦紀以外の書物を焚《や》いたうえ、儒者を大量にとらえて穴埋めにした。やがて秦が滅び、漢代になってその統制が解かれると、天下に広く隠されている書物を求めることになった。貴重な書物、めずらしい書物を献上すると賞さえも出たということである。

とにかく禁令が解かれた漢代の儒者たちは、先秦時代の古書をあちこちと探り出して、これを研究することが仕事となった。最初に済南《チーナン》の伏生《ふくせい》という学者――秦から漢にかけて生きた人で、漢代の儒者にとっては古老ともいえる――の口伝えによって書きおろされた〝経書〟ができた。このテキストは、漢代の新体（その時の現代文字）で書かれたから、これを今文《きんぶん》という。のちになって、孔子の旧宅の壁中などから出たといわれるものは、先秦の旧体だったので、これを古文《こぶん》という。たとえば、『尚書《しょうしょ》』などはその代表的な経典で、口伝えで書かれた新しいものを『今文尚書《きんぶんしょうしょ》』、旧体の方を『古文《こぶん》尚書』という。今文の経書は簡単であるが、古文のものはかなり詳細である。しかし、今文といい、古文といっても、両方ともすでに原始儒家思想からは遠く離れており、いちがいにそのどちらが正しく、どちらが非であるともいえない。そこで、今文をテキストとして研究するグループと、古文をテキストにするグループとに分かれ、それぞれ一家の見解をたてようとしたのである。さらに同じテキストを用いても、それの解釈は異なってくるから、やはり『易《えき》』には五家、『今文尚書』には三家というように多くの学派が形成され

『尚書』　唐代の石経

た。しかも、前漢時代の学者には、とくに一経専門が多く、師の学説を墨守《ぼくしゅ》していたから、テキストの混乱がひどかった。

後漢時代になると、ようやくひとりで数経に通ずる学者が出てきたが、その末期に出た馬融《ばゆう》・鄭玄《じょうげん》というふたりの学者は、どの経典にも精通し、詳《くわ》しい注釈をほどこした。また、前漢以来の諸説紛々《ふんぷん》たるテキストでは学生の教育にも困るので、後漢章帝の建初四年（七九年）には、多くの学者を宮中の白虎観《びゃっこかん》に集めて五経の本文の異同を議論させ、『白虎議奏《ぎそう》』というものをつくらせた。こんにち伝わる『白虎通』または『白虎通義』はこの時の記録である。このようにして、漢代の学問は、もっぱら伝承された儒家経典のテキストークリティークや、訓詁《くんこ》注釈の傾向にあった。

しかし、この反面、古典に対する統一的見解を求めたり、国家権力によって経文の異同を決定させることは、一種の思想統制であるから、漢代の学問、とくに儒学が独創的な性格をもち得なかったことも事実である。他面、テキストークリティークによって、『周易』『礼記《らいき》』『儀礼《ぎらい》』『春秋公羊《くよう》伝』『春秋穀梁伝《こくりょうでん》』『春秋左氏《さし》伝』『尚書』『論語』など、最近では一部漢代の偽《ぎ》作だともいわれるように、その創造的側面は決して見のがし得ないものがあった。

わけても、漢代の学問で重要な成果は、歴史学の発達である。西洋のヘロドトスに比べられる司馬遷《しばせん》の『史記』や班固《はんこ》の『漢書』、荀悦《じゅんえつ》の『漢紀』などの傑作があいついであらわれ、また、『淮南子《えなんじ》』や『論衡《ろんこう》』のような思想的に深い著書も出現していたのである。

司馬遷父子の思想と生涯

父　太史談《たん》の憤懣《ふんまん》

『史記』は、前に述べたように、漢代の学問傾向の中でうまれた。しかし、『史記』は、司馬遷個人の著作であるというよりは、実質的には父太史談との父子二代にわたる努力によってできたものといったほうが妥当であろう。

彼ら父子についての記録は、司馬遷自身が『史記』の最後の巻に「太史公自序」という一巻を設け、かなり詳しく述べている。この記録を見ると、司馬氏は周の宣王のころおこり、世々周史をつかさどってきた。したがって、司馬遷の史官としての仕事は、まさに先祖伝来のものだったのである。

さて、司馬遷父子の官吏としての境遇は必ずしも恵まれたものではなかった。いわば、父子二代の時勢や時の政権に対する憤懣のうちに、この『太史公書』はできたものということができる。というのは、司馬遷父子が漢室に仕えた太史令《たいしれい》という職は、天官であって、直接人民を治める行政官でなく、天子に侍従し、いわゆる文・史・星・暦にたずさわる卜祝《ぼくしゅく》（吉凶の占いと祭祀《さいし》）のような役めであった。地位はなるほど丞相《じょうしょう》（天子を輔佐《ほさ》する宰相）の上にあったかもしれないが、要するに太史令という官職は、政治のひのき舞台で行なわれるものでなく、いわば、宮廷内の地味な裏方的存在としてみられていた。

さて、太史談は天官（星・歴・文・史）を唐都に学び、易を楊何《ようか》に授けられ、道家思想を黄子《こうし》に習った。彼の仕えたのは建元・元封の間（紀元前一四〇～紀元前一一〇ころ）で、およそ三〇年にわたっている。この間の活動は不明であるが、死の前後のようすについてはかなり不遇で、深い憤《いきどお》りのうちにあったらしい。すなわち、元封元年（紀元前一一〇）のころ、天子が泰《たい》山におもむき、初めて漢家の封（漢室の初めての封禅《ほうぜん》で、礼を行ない、天地を祭る儀式）を建てたのであるが、太史談は「周南に留滞して事にあずかり従うを得ず」とあるように、どういう事情か最も大事な封禅にたずさわることができなかったのである。そもそも、封禅とは、漢室が天子として天下を治平しようとする意図のもとになされる、いわば国威宣揚《せんよう》の儀式である。儀式である限り、台閣《だいかく》にあって、天子に侍従し、専門にそれに当たるべき職務をもっているのが太史令である。父の談にとっても、本来それは生涯を通じて二度とないであろう栄誉と責任あるつとめであるはずだった。『史記』による限り、その理由は明らかではない。しかし、それが少なくとも堪《た》えがたい屈辱であったろうことは先の引用に続いて、

「故《ゆえ》に憤《いきどおり》を発して且《まさ》に卒《しゅつ》せんとす。しかるに子遷適々《たまたま》使して反《かえ》り、父に河洛《からく》の間に見《まみ》ゆ。太史公、遷の手を執《と》りて泣きて曰《いわ》く、余の先は周室の太史なりき。上世嘗《かつ》て功名を虞夏《ぐか》に顕《あらわ》しより、天官の事をつかさどる。後世中《なか》ごろ衰う。予に絶えん乎《か》。汝復《なんじまた》太史とならば、則《すなわ》ち吾《わ》が祖に続《つ》げ。」

といっているところからもわかる。父談は、封禅にたずさわることができなかったことを直接の理由として、ついに憤死するのである。そのまさに死せんとする時、たまたま天子の勅命を奉じて西方へ出征してい

た子遷《しせん》が帰って父子は会見した。談《たん》はわが子の手をとり、司馬家は先祖伝来、周室の史官でその功名を世に示してきたが、いまや自分限りでその名誉ある職も絶えてしまうかもしれない。お前がもし太史令を継ぐならば、祖宗の遺訓《いくん》と功名を必ず発揚するように、と泣く泣く説いて聞かせながら息をひきとったのである。

ところで、父談が子遷に「吾《わ》が祖に続《つ》げ」と託した太史令の本務は何であったのか。それは、談が、「今天子千歳《せんざい》の統《とう》を接《つ》ぎ、泰山《たいざん》を封じて、而《しこう》して余行《われこう》に従うことを得ず。これ命《めい》なるかな。命なるかな。余《われ》死せば、汝《なんじ》必ず太史たらん。太史たらば、吾が論著せんと欲する所を忘るることなかれ。」といっているように、自己が屈辱と憤懣のうちに、志を果たさずして死ぬのは天命であると観ずるにしても、子遷が太史令となったあかつきには、なんとしても自分が論著しようとしたもの、つまり『史記』を完成し、それによって太史令の職分を明らかにすることだった。そしてその著作の要領は、端的にいって、孔子が春秋をつくった意義に則《のっと》ることであった。「今漢興《おこ》り海内一統し、明主賢君、忠臣義に死するの士あり。余太史となりて論載せず、天下の史文を廃す。余甚《はなは》だ懼《おそ》る。汝それ念《おも》えや……」と談が語っていることからしても、すでに父談が修史事業に着手していたことが知られる。

談の思想

さて、次に父談の学問思想についてふれておこう。先に述べたように、談は天官を唐都に学び、易を楊何《ようか》に受け、道論を黄子《こうし》に習ったという。したがって、彼の学問の基礎は、天官としての文・史・星・歴・易、それにおそらく道家系統の思想と考えられる道論であったろう。彼が漢室に太史令として仕えたのは、建元・元封の間、すなわち紀元前一四〇年～紀元前一一〇年ころのおよそ三〇年であった。当時学問をする者がなかなか師の説を理解し、経典《テキスト》の真意をつかまないのを残念に思った談は、六家《りくか》（陰陽家《いんようか》・儒家・墨家《ぼっか》・刑名家《けいめいか》・諸家・道徳家）の論説や思想内容を、批判的・特徴的に要約して次のように説いた。おそらくその基準となる思想は、「易の大伝に、天下は致《ち》を一にして慮《りょ》を百にし、帰《き》を同じくして塗《みち》を異にすと。夫《そ》れ陰陽儒墨、名法《めいほう》道徳は、此《こ》れつとめて治をなす者なり。ただよりて言う所の路を異にして、省《せい》と不省《ふせい》とあるのみ。」と、その初めに述べているように、治国平天下《ちこくへいてんか》のための政治の根本道を探求することが学問研究だとしている点にあったであろう。この基準から批評してみると、六家は次のようになる。

○陰陽家の術は、その説くところ大いに詳しいが、いみきらいが多くて、人の気にさわることをいいすぎる。しかし、四時変化の大いなる順序を明らかにした功はすてるべきでない。

○儒家は知識が広博で、説きおよぶところ多面的であるが、主張すべき要点が明らかでないから、労することのみ多くして効果があがりにくい。だから、儒家の説くところ尽《ことごと》くは従うわけにはいかぬ。しかしながら、彼らが君臣父子の礼を明らかにし、夫婦長幼の別あるを説いた点、かえることのできないところである。

○墨家は、節倹を主張したが、その説にはにわかに従いがたい。しかし、本を強くし用を節するという心構えを説いたことは廃すべきでない。

○法家は、いうところ厳格にすぎて、人を信頼し人を愛する心が少ない。しかしながら、その君臣上下の分を正したことは改めるべきでない。
○名家は、人につつましやかを説きながら、かえってそれによってあるべき人の真の姿を見失わしめた。しかし、その名と実を一致させるべく努力した点は世に示されてよい。
○道家は、人をして精神を専一にし、その行為はつねに無形の道に合《かな》い、もって万物をしておのおのその所を得しめる。その処世の術は、陰陽交替の大いなる循環法則に従い、儒家・墨家の善とするところを受けいれ、名家の要点をとり、時とともに遷移して、物の変化に応じ、美俗をたてて民生の安定に治効をあげる。その思想と処世の実践とは宜《よろ》しからざるところなしというべきである。道家のいうところ、その主旨は簡約にして要をとりやすく、事あげ少なくして実功は大である。

ここまでの『史記』に伝述された太史談《たん》の批評は、あるいは彼の独自の六家に対する視点から出たものではなく、当時一般に知識されていた先秦諸子《せんしんしょし》の思想主張の要点であるとも考えられている。がしかし、六家の紹介を読んでまず気づくことは、道家を除いた他の五家に対しては、すべて一長一短ありという見かたをしているにもかかわらず、道家思想に対しては、他の諸家の長所・美点・卓説を集大成的にあわせもつとし、肯定的論評しか出していないことである。すでに述べたように、談は天官・易・道論を学んだとされているが、その学問の中で形成された彼の思想的根底は、どうも「道論を黄子に習う」というところにあったらしい。すなわち、太史談は、道家的思想の持主だったのである。『老子』書について私が書こうとしているのに、あえて司馬遷父子にふれたのは、実はここに理由があった。

そこで、以下においては、『史記』にみえる談の思想として、とくに道家的発言にかかわる部分だけをとりだしてみると、次のようになる。

談の道家的思想

「そもそも心を用いること度が過ぎれば、そのすぐれた働きも尽きてしまう、身を労すること大なれば疲れて破綻《はたん》を来たす。身も心も使い尽くして、しかもなお天地自然の長久と合一しようとしても、それは無理というものだ。道家は無為《むい》といい、また為《な》さざるなしという。これは一見実行しがたいように思われて、その実、行ないやすい教えである。が、また、そのいうところのことばそのものはなかなか理解しがたい。道家の説く処世の方法は、もの・ことのおのずからしかる――そのように成る、そのように在る――ところにしたがう、ということである。もの・ことの自然《おのずからしかる》に身をまかせることが、そもそも小ざかしき知恵を働かせず、小手先の手管《てくだ》を弄《ろう》しないすなおな心に従っていることであり、そのような自然にまかせる心こそ、虚無《きょむ》の心というものだ。心が虚無であれば、これときめた力、これときめた形をつくって他におしつけることもない。ゆえに、よく万物の在《あ》るあり方にすなおに従って、しかもものをものとして生《い》かすことができる。ものの先にならず、ものの後にならず、それによってかえって万物をおさめることができる。法《きまり》があるようで法がなく、時勢の移り変わりに応じて処し方を変える。度《ものさし》があるようで度がなく、ものの自然にまかせ、ものとともにある。このゆえに、聖人はたくむところなく、時の変化に従ってかえってものも身も守る、というのだ。

何の作為《さくい》もなく、ものがおのずからそのようになり、そのようにあること、それが道の姿である。道はだから虚である。道がものをそうさせるのではない。ものがおのずからそうなり、そうあることが道であるかぎり、道はうつろなものだ。そのうつろこそ、実は道の常なる姿、姿なき姿なのだ。因——よりしたがう——とは、ものの自然《おのずからしかる》によりしたがうということ。人君たるものの綱紀《こうき》は、もの・ことの自然に因《よ》り従うところに成りたつ。群臣みな来たって人主に伝え、しかもおのおのその個性とするところを発揚するのは、人主の自然に因って道を実現する態度にかかる。

さて、言と行とが中《あた》ることを端《たん》（正しいこと）といい、言と行の中らないことを窾《かん》（そらごと）という。そらごとを聞きいれなければ姦《よこしま》は生じない。賢人と不肖《ふしょう》とが分けられれば、ことの是非はおのずから分明となる。すべて、治政の要は、ことにあたる臣下の選択にあるのみ、用いるべきと、用いざるべきとが選別されるならば、いかなることも成功しないはずはない。そのような人主の態度こそ、ものとわれと、道とわれと混然冥合《めいごう》した姿であり、その治政は天下に光り輝き、無名の大道に合一する。

人にはすぐれた心の働きがある。心のやどるところは身《からだ》である。心を使うこと度が過ぎればそのすぐれた働きは尽《つ》き、身を労すること大なれば身は破綻《はたん》する。心と身と離れれば死に、一旦《いったん》死んだものは二度と生きかえらない。離れたものはすでにもとにかえらない。このゆえに、聖人は心と身を二つながら重んじたのである。

よって思うに、心は生きていることの根本の働きを示し、身は生きていることの具《あらわれ》である。このゆえに、まず心を大道に合し、さだかなものとしないで、天下を治めるということは、何のよりどころもないそらごとというべきである。」

これが太史談の思想の叙述《じょじゅつ》である。途中の省略を含めて、その全体を統観するに、道家思想を心の在り方の根底としながら、単に無為《むい》・虚無・因循《いんじゅん》を事とせず、聖人一般の処世の術を示すとともに、治国平天下の大道を述べてやまないものがある。すなわち、虚無とか無為はその因循とともに、とかく消極不作為の側面をのみ語ることばに解されやすいのであるが、談はまた一方において、道の自然にすなおに従うところにこそ、治政の綱紀《こうき》は成りたつとしている。したがって、彼の思想は決して隠遁者《いんとんしゃ》の弁でなく、消極無為の道を内に秘めながら、作為積極の、いわば儒家的方向をも肯定的にうちだしているのである。これが子遷に影響されるとどうなるかが、次の問題である。

われわれはいまや、司馬遷とその人について語らなければならないであろう。

司馬遷の生涯と境遇

まず子遷の生いたちからみてみよう。父談の記述と同じく、『史記』の「太史公自序」のうちから引見すると、次のようである。

遷は竜門《ロンメン》（山西省《シャンシー》河津県《ホーチン》の西北、陝西省《シェンシー》韓城県《ハンチョン》の東北にまたがる）に生まれ、河山《かざん》の陽《きた》に耕作し牧畜を業としていた。一〇歳にしてすでに古文を読んだというが、父祖伝来の文・史・星・暦をつかさどる史官の家に生まれたからであろう。二〇歳のとき南方の名所旧蹟への見学旅行を手始めに、北方各地に至るまで、天下を遍歴《へんれき》して帰り、のち仕えて郎中となった。時あたかも辺境異民族の侵攻があって、遷は勅命を奉じて西征におもむいた。征伐《せいばつ》を終えて帰ったとき、たまたま天子が最初の漢家の封禅を行なう際、行をともにできなかった父談の憤死にあった。

すでに述べたように、父談が涙ながらに後事を託し、遷もまた「首《こうべ》を俯《ふ》し涙《なみだ》を流して曰《いわ》く、小子不敏《ふびん》なれども、請《こ》う悉《ことごと》く先人の次《じ》する所の旧聞を論じて敢《あ》えて闕《か》かじ……」とあるように、泣く泣く死別したのであった。

父が死んで三年、彼は父業を継いで太史令となり、五年の間、史記（歴史的な記録）を初めとして石室《せきしつ》・金匱《きんき》の中におさめてあった書物・文献を引き出して閲読した。この時、すでに漢室が興ってから一〇〇年を経過し、子遷自身もいっているように「天下の遺文古事、畢《ことごと》く太史公に集まらざるはなし」という状態であった。

五年間の、いわば歴史的資料の閲読や抽出を終わったのが太初元年に当たるというから、紀元前一〇四年のことである。そこでいよいよ資料を整理し順序をつけて記述を始め、七年を経過したとき、思いがけない事件が起こった。

いわゆる「李陵《りりょう》の禍《わざわい》」である。紀元前九九年、彼の友人でもあった、辺境の匈奴《きょうど》征伐の将軍李陵が、敵の大軍にとり囲まれて捕虜になり、家族がその責を負って死刑にされることになった。子遷はその処刑を不当として、李陵の一家を弁護したため、武帝の怒りをかって自らも宮刑《きゅうけい》に処せられ、獄につながれた。

そもそも、李陵は名将李広の孫で、彼の悪戦苦闘のようすは『漢書』巻四五・李陵伝に詳しく述べられているように、まさしく刀折れ矢尽きての降伏であった。子遷は、李陵が名将であり、その人格と勇武とをよく知っていたから、降伏のゆえをもって、李陵を罪し、かつその家族にまで累《るい》を及ぼすことにがまんがならなかった。彼にとって、勇将の戦歴とその陥った苦境は同情と称賛に価こそすれ、犯罪とすることは許せなかった。しかし、その正義感が彼の身にもたらした結末は、実に哀れであった。「太史公自序」には、「これ余の罪なるかな、これ余の罪なるかな。身破られて用いられず……」とあるが、宮刑というのは五刑の一つで、生殖器を損壊する刑、つまり、男子ならば生殖器を切り取られ、その後多くは宦官《かんがん》として使われるという屈辱このうえもない処刑を受けたのである。

屈　原

「すべて一三〇篇、……その修史事業がまだ完成しないうちにたまたまこの禍にあう。ただ、その完成しないことだけを惜しみ、その故《ゆえ》にこそ、この極刑にも慍《いきどお》りの色をみせないのだ。」

といい、さらに、

「是《ここ》をもって腸一日にして九回す。居れば則《すなわ》ち忽々《こつこつ》として亡《うしな》う所あるが若《ごと》く、出づれば則《すなわ》ち往く所を知らず。この恥を念《おも》う毎《ごと》に、汗いまだ嘗《かつ》て背に発し、衣を霑《うるお》さずんばあらず。」

すなわち、屈辱のあまり腸《はらわた》はにえくりかえり、失意のあまりぼう然としてわれを失ない、たえがたさのあまり、いてもたってもいられないほどの苦悩におそわれた彼は、このことを思うたびに憤懣《ふんまん》の汗が背中からふき出して着物をぬらすほどであった、というのである。これは、旧友の任安《じんあん》に与えた書簡中に述べられた子遷の衷情《ちゆうじよう》である。

しかし彼は、この悲境にもめげず、ひたすら修史事業に専念した。そこには、『詩』『書』がその意味するところ微妙にして言《ことば》の簡約であるのは、その志す思いをとげようとするからであり、『周易』も、孔子の『春秋』も、屈原《くつげん》の『離騒《りそう》』も、左丘明《さきゆうめい》の『国語』も、孫子の兵法も、その他すべてながく後世の人の心をうつものは、その意思が欝結《うつけつ》するところあって、しかもその通路を得ないとき、そういうものがいわば発憤してできたのだ、だから自分もこの屈辱と悲憤を修史の中に投入していこう――という自らのなぐさめと勇気づけとがあった。

子遷の思想

さて、そのような境遇にあった子遷の、修史および学問一般に通ずる思想は何であったろうか。父談の学問思想は、何といっても、道家的な、とくに老子的思想にその根底をおいていたことは否定できないところであった。しかしまた、彼の思想は六家の論評においてみられたように、道家以外の思想の長と短をよくみきわめ、むしろ、その長とするところを吸収し生かしながらの、道家的思惟《しい》であった。

ところが、子遷に至ると、武帝が董仲舒《とうちゅうじょ》の建言をいれて、儒学をもって政教の指導理念とすることに国是《こくぜ》を定め、学問の一般的傾向がすでに官学への道をたどりつつあった儒学におかれていたこともあって、六経《りっけい》（易・礼・楽・詩・書・春秋）に対する基本的な態度の確立、ないし六経概念の構成ということに、その学問思想の中心が発展的に移行している。

すなわち、彼は、上大夫壺遂《じょうたいふこすい》の、孔子は何のために『春秋』をつくったか、という質問に対して、董仲舒の言を承《う》けながら、孔子は自分の為政《いせい》治国に対する発言が用いられず、天下に道が行なわれないことを悟って、春秋二四二年の人物事蹟に是非の論評を加え、もって天下の儀表《ぎひょう》としたのだ、といっている。子遷における学問の中心は、もとより父談と変わることのない治国平天下の政道（王道）を実現することであった。『春秋』はまさに、天下の儀表を示しているのだから、彼の学問の基本的なよりどころもここに求められて当然であったろう。

子遷は『春秋』に対して、次のようにいう。

「それ春秋は、上は三王（堯《ぎょう》・舜《しゅん》・禹《う》）の治政の道を明らかにし、下は人事の理法を弁明し、嫌疑《うたがい》あるものを区別し、是非を明らかにし、疑いあるもまだ決断できぬものを定《さだ》かにし、善を善とし、悪を悪とし、賢を賢とし、不肖《ふしょう》なるものを賤《いや》しみ、亡《ほろ》びた国に存続を期待し、とだえた世を継承せんとし、おおわれたものをとり除き、廃《すた》れたものを再興させる。これまさに王道の大なるものである。」

彼によれば、『春秋』は天下の儀表であるとともに、王道の大なるものであった。

しかし、彼は、先にふれたように、儒家の伝承するテキストとしての六経の根本概念〜思想およびそれらに対する基本的態度を明らかにすることを使命としていたから、他の五経にも当然及んでいる。彼は六経の特質を次のようにいう。

○易（経）は天地陰陽四時五行をあらわす。故《ゆえ》に変化の次第《しだい》を明らかにする点において長所をもつ。
○礼（記）は人倫をおさめととのえる。故に行為においてその効果を発揮する
○書（経）は先王の事を記述する。故に治政においてその力を示す。
○詩（経）は山川、谿谷《けいこく》、禽獣《きんじゅう》、草木、牝牡《ひんぼ》、雌雄《しゆう》を記述す。故にものにたとえ、ことによせてその道理をさとらせるを長とする。
○楽（記）は身のよってたつところを楽しむ。故に和に長ずる。
○春秋は是非を弁ずる。故に人を治めることに長ずる。

このように定義したのち、子遷は、『礼』によって人を節し、『楽』によって和を発し、『書』によって事をいい、『詩』をもって意とするところを達し、『易』によって変化をいい、『春秋』によって義をいう、とまとめている。

子遷と『春秋』

子遷は再び『春秋』をとりあげ、さらにそれの政教上の重要性について次のようにいっている。すなわち、

「乱世をおさめてこれを正にかえすには、春秋より直接なものはない。春秋は万の字数によって成り、しかもその中の指教は数千に及び、万物の聚《あつ》まるところ、散出するところをなしている。春秋のうち、君主を弑《しい》するもの三六、国を亡ぼすもの五二、諸侯のうち奔走してその国家社会を保つことのできなかったものについてはあげて数えることができない。その原因を察するに、要はみな治教の根本を失ったからである。故に易に、これを毫釐《ごうり》に失えば、千里ものひらきができる、という。

臣が君を殺し、子が父を殺すということも、一朝一夕《せき》に現われたのでなく、長い以前からその根はあったのである。故に国を保ち治めるものは、春秋を知らないわけにはいかない。眼前に讒言《ざんげん》するものがあってもこれを見ぬくことができず、背後に反逆を企てるものがあってもこれを知らない。人臣たるものは春秋を知らないわけにはいかない。経常の事を守っているのみで、その宜《よろ》しきを得ているか否かを知らず、変事に遭遇《そうぐう》してもその臨機応変《りんきおうへん》の処置を知らない。この故に、人の君・人の父となって春秋の義に通じないものは、必ず悪のかしらとされるであろうし、人の臣・人の子となって春秋の義に通じないものは、必ず簒弑《さんし》(君主を殺してその位を奪う)の罪を犯して、誅《ちゅう》せられるであろう。その実際をみると、すべてこれを善と思ってやっているのだが、その義とする(人も善とし、われも善とする)ところを知らないから、悪の実なくして悪名を受けて誹謗《ひぼう》され、罪名を免《まぬが》れることができない。そもそも、礼義の本旨に通達していなければ、君は君となり得ず、臣は臣となり得ず、父は父となり得ず、子は子となり得ない。君が君でなければ犯され、臣が臣でなければ誅《ちゅう》され、父が父でなければ道なく、子が子でなければ孝はない。この四つの行ないは天下の大なる過《あやまち》である。春秋は礼義の大本である。礼は事の起こる未然にこれを禁止し、法は事が起こった已然《いぜん》の後に施すもの。法の用いられる対策は見やすいが、礼の禁止する根本としているところはなかなかわかりにくいものだ。」

このように、司馬遷は『春秋』を、こんにち六経の要《かなめ》と考えられ解釈されている『易』よりも、むしろ重視し、政教のよってたつ根本義を蔵するものとしている。

それにしても、父談の道家的思惟《しい》と比べるとき、子遷の『春秋』に重きをおく儒家的思想傾向は、やはり特色あるものといわねばならないだろう。

われわれは、『老子』書について述べるために思わぬ遠まわりをした。父談から子遷に至る、右に述べたような思想傾向の推移はまた、漢代学問の発展ないし主流の推移・展開ともみることができる。このような事情のもとに書かれた司馬遷の「老子伝」とはいかなるものか、以下に述べることにしよう。

『史記』の老子伝

すでに述べたように、老子についての伝記資料でまとまったものは、『史記』が最も古い。しかも、著者司馬遷は実在し、自ら「太史公自序」をすら巻末に書いているところから、『史記』にしるされたことはすべて信憑《しんぴょう》性があると考えられがちである。ところが『史記』そのものは、後の人が何回となく転写し版を改めてきていること、および後世の注釈家が注を施すとき、自己の見解によって、本文すら改竄《かいざん》したらしい形跡があることからして、『史記』の伝述がすべて正確であるとは断定できない。

『史記』の伝本

今までの研究によると、司馬遷の記述にも誤りがあり、また刻本によって多少の相違があるから、いたずらに『史記』の記述を盲信することなく、注意深く、諸本を読み比べることが必要である。

武内義雄博士によると、唐以前に、『史記』の注釈本と考えられるものがおよそ一五家一九種あったが、大部分は散佚《さんいつ》し、現存するものは、裴駰《はいいん》の『史記集解』八〇巻、司馬貞《しばてい》の『史記索隠《さくいん》』三〇巻、張守節《ちょうしゅせつ》の『史記正義』三〇巻の三種類にすぎない（武内博士著『老子原始』第一章）。

これら三注は、北宋《そう》以前はそれぞれ別行本として伝えられ、その注釈が同じでないばかりでなく、典拠《てんきょ》とした『史記』本文も異なっていたらしい。南宋以後に至り、三注を合わせて同一本文のもとに分散し、三注合刻本として刊行されるようになったので、学者はこれを便利として喜んだ。他方、それによって三注各本はその独自の刊本たることの意義がうすれ、ほとんど合刻本のみによって『史記』が読み継がれてきた。しかし、武内博士は、現在の三注合刻本は、その本文は本来集解本のみにあったわけだから大部分をそれによったであろうとしても、まま索隠本・正義本の解釈によって本文を変えたところもあるらしい。したがって、合刻本は純然たる三刊本のいずれでもない新しい別個の刊本であるといわれる。そこで武内博士は集解本と索隠本とを、三注合刻本に対照して校訂《こうてい》を試みられている（単一の正義本は現存しない）。

いま、これらも参照しながら『史記』老子伝の伝述するところを紹介してみよう。（段落は筆者が適当に切った。）

『史記』老子伝

「老子は楚《そ》の苦県厲郷曲仁里《こけんらいきょうきょくじんり》の人、姓は李《り》氏、名は耳《じ》、字《あざな》は伯陽《はくよう》、諡《おくりな》して聃《たん》といった。周の守蔵室《しゅぞうしつ》（周王朝の宮廷内にある蔵書室）の史（役人）であった。」〔第一段〕

「孔子は礼を学ぼうとして周に行き、老子に教えを請うた。老子がいうには、『お前さんの求めている礼などというものは、もうとうの昔に、それを制定した聖人もその骨も朽《く》ち果ててしまった。残っているのはただ言葉だけだ。それに、君子というものは、時を得れば車馬に乗って道を行ない、時を得なければ吹き抜ける風のまにまに流転《るてん》して去る。わたしは聞いている。りっぱな商人ほど品物を奥の蔵《くら》にしまいこんで、かえって店先はがらんとしているし、また、徳を十分身におさめた君子ほどみたところ何のへんてつもなく、かえって愚者のようだ、と。お前さんのたかぶったおとこ気、欲ばり、もったいぶったポーズ、度を過ぎた志、そんなものは早く捨て去ってしまいなさい。何の得にもならない。わたしがお前さんに話したいのはこれだけだ。』と。」〔第二段〕

「孔子は老子のもとを立ち去った。帰ってから弟子《でし》にいうには、『鳥は飛ぶもの、魚は游《およ》ぐもの、獣《けだもの》は走るもの、それくらいはわたしも知っている。走るものは網でとらえ、游ぐものは糸でつり、飛ぶものは矢で射ることも知っている。だが、風雲に乗じて天にのぼるといわれる竜だけは、わたしもまだ見たことがない。今日《きょう》会見した老子こそ、まさしく竜のような人というべきではないだろうか。』と。」〔第三段〕

「老子は道徳を修め、みずからかくれて名を顕《あら》わさないようにつとめることを修業の目的とした。長いこと周にいたが、やがて周の衰えるに及んでそこを立ち去り、関（現在の陝西《シエンシー》省宝鶏《バオチー》県西南の地にあった散関《さんかん》か、または河南《ホーナン》省霊宝《リンバオ》県南東の地にあった函谷関《かんこくかん》か）に至ったところ、その関守をしている尹喜《いんき》という人が老子に請《こ》うていうには、『先生はいま世を捨てて隠遁《いんとん》されようとしていますが、願わくはぜひわたしのために書を著わして残していってほしいものです。』と。そこで老子は、上・下二篇に分かれ、五〇〇〇言ほどで道徳について述べた書を著わし、いずこともなく立ち去った。その終わりがどうなったかはわからない。」〔第四段〕

「あるいはまた、老萊子《ろうらいし》という楚《そ》の国の生まれで、十五篇の書を著わし、道家流の実用論を説き、孔子と時代を同じくした人があったが、老子はこの人物ではないかともいわれている。」〔第五段〕
「老子の年齢は一六〇余歳とも、二〇〇余歳ともいわれるが、それは道を修めて寿を養ったためであろうか。」〔第六段〕
「孔子の死後、一二九年を経て、周の太史儋《たん》という人が秦《しん》の献公《けんこう》にまみえて、『秦は周と合して離れ、離れて五〇〇年ほどたつとまた合し、合して七〇年ほどたつと覇王《はおう》となる者が出るでありましょう。』といった、と史書に残されている。人によっては、この太史儋がすなわち老子だとも、いやそうでないとも、意見が分かれている。いまだにどちらが正しいのかわからない。そもそも老子という人物は、世間に名をあらわさない隠君子だったのである。」〔第七段〕
「ところで、老子の子は宗といい、魏《ぎ》の将軍となり、段干《だんかん》に封ぜられた。宗の子は注、注の子は宮、宮の玄孫は假《か》、假は漢の孝文帝に仕え、その子解《かい》は膠西王卬《こうせいおうこう》の太傅《たいふ》、すなわち宰相の一人になって斉《せい》に住んだ。」〔第八段〕
「世の老子を学ぶ者は儒学をしりぞけ、儒者もまた老子をしりぞける。『道同じからざれば相共にはからず』とは、このことをいうのだろうか。」〔第九段〕
「李耳《りじ》（老子）は無為にしておのずから化し、清浄にしておのずから正しいところに、道の実現を期待しようとした人物だった。」〔第十段〕

以上が「老子伝」の全文口語訳である。武内博士の校訂によると、第一段のもとの文は、「名は耳、字《あざな》は聃《たん》、姓は李《り》氏、周の守蔵室の史なり」となっていたであろうという。また、第六段はおそらく第七段のあとにつけるべきだろうという。最後の第十段は「太史公自序」にも書いているところから、おそらく後の人が自序の中の語をひきぬいて欄外にでも記入したものが、誤って本文に入れられたのではないかという。

これら武内博士の校訂は、その手続きの方法や考察からして、とりあつかった資料の範囲内では一応くだせる判断であろう。しかし、諸本の校合によるも、そのいずれかに決定的な信憑《しんぴょう》性が裏づけされない限り、相対的な校訂であることをまぬがれ得ないであろうし、したがって、いずれも「……であろう」という推測をでることはできない。

いずれにせよ、武内博士の校訂によっても、現存の三注合刻本によっても、『史記』老子伝の内容にはほとんど変わりがないということができるであろう。

『史記』老子伝の問題点

さて、ところで、前記の「老子伝」を虚心に読んでみると、いろいろ疑問な点が出てくる。いまそのうち、とくに重要だと思われることがらをひろいあげてみよう。

問題の所在

(1) 第一段（前記の口語訳において筆者が段落をつけたものによる）によると、老子は楚《そ》の苦県《こけん》厲郷《らいきょう》曲仁里《きょくじんり》の人とあるが、この場所はどこか。

(2) 同じく第一段で、姓は李《り》、名は耳《じ》、字《あざな》は伯陽《はくよう》、諡《おくりな》して聃《たん》とあるが、第五段の老萊子《ろうらいし》、第七段の太史儋《たん》なる人物と同じか、ちがうか。

(3) 第二段では、老子のところへ孔子が礼を問いに行ったとある。孔子と老子の会見は事実かどうか。つまり、両者は同時代人か。

(4) 第四段に、周を去って関《かん》に至ったとあるが、この「関」はどこか（函谷関《かんこくかん》・散関、いずこともわからぬ、という説があって、これは決めがたい）。

(5) 同じく第四段に、道徳について上・下二篇の書を著わしたとあるが、これは老萊子の書いたといわれる道家思想の書十五篇と同じかどうか。

(6) 第四段の終わりで、老子はいずこともなく立ち去り、その終焉《しゅうえん》を知らないといい、第六段で、老子の年齢は一六〇余歳ないし二〇〇余歳といわれるとしているが、いかなる根拠でこの年齢を算出したのか。またそれは長寿者であるから当然だということでかたづけられるか。

(7) 第八段には、老子の子の宗から始まって、子孫八代を明らかにしているが、これの信憑《しんぴょう》性はどうか。また、もしこれを参照して計算した場合、老子の生存はいつごろになるのか。

これらの疑問点を、従来百出している諸説を参照しながら考えてみよう。

(1) 老子の郷里

もしも、老子が実在した歴史的人物だとすれば、『史記』に述べてある楚の苦県厲郷曲仁里とはどこなのだろうか。

載于齊車以行每舍奠焉而后就舍
反必告設奠卒斂幣玉藏諸兩
階之間乃出蓋貴命也（疏）

『礼記』「正義本」による

後漢の人、辺韶《へんしょう》の『老子銘《めい》』には、「楚の相県の人」とあり、春秋以後、相県は荒廃し、苦県に属したという。『礼記《らいき》』巻七・曾子《そうし》問の注には、「老聃《たん》は陳《ちん》国の苦県……」とある。楚と陳と国名が異なっているのは、陳はのちに楚に占領され、相県も苦県に編入されたからであろう。『老子銘』にも見える通りである。中華民国になって、馬叙倫《ばじょりん》という人が、『老子覈詁《かくこ》』において、『史記』の一般的書き方は、「荘子は蒙人《もうひと》なり」「申不害《しんふがい》は京人なり」というように一定しているから、『史記』の原文は「老子は相人なり」であったろうという（同著、老子姓氏名字郷里仕宦生卒考）。漢初においては黄老《こうろう》を尊重する傾向があり、しかも老子の玄孫――假《か》、假の子――解《かい》はみな漢室に仕えて司馬遷《しばせん》と時代を同じくし、遷もまた太史公であったこと、および司馬遷は孔子を尊敬していてもなお孔子の闕里《けつり》（今の山東《シャントン》省曲阜《チュウフ》県内の地で孔子の生地）の名を書かなかったのに、老子のみその郷里をたいへんくわしく書いているのはおかしい、というのが馬敍倫《ばじょりん》の理由である。

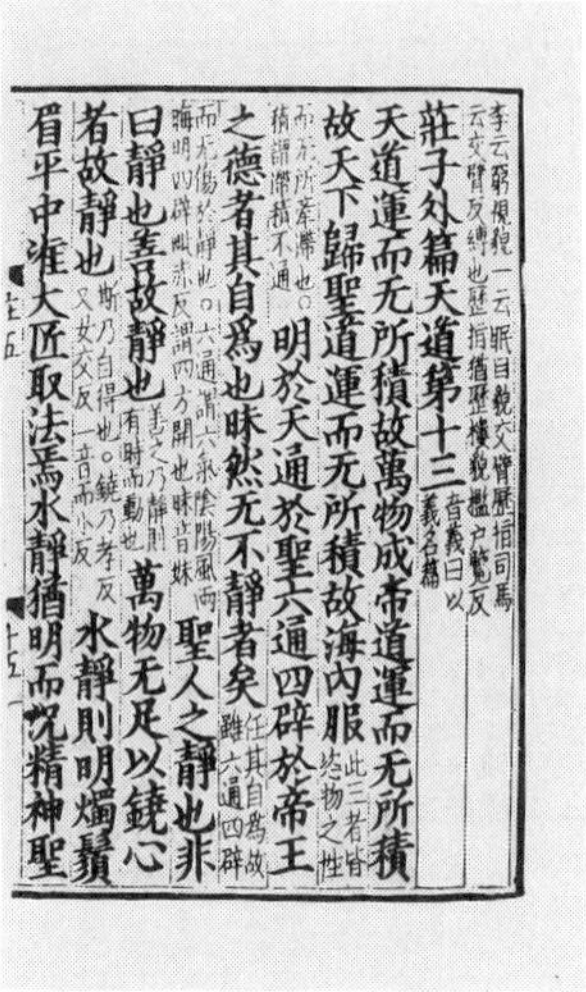
莊子外篇天道第十三
天道運而无所積故萬物成帝道運而无所積故天下歸聖道運而无所積故海内服（此三者皆恣物之性而无所牽滯也）明於天通於聖六通四辟於帝王之德者其自為也昧然无不靜者矣（任其自為故雖六通四辟而无傷於靜也）聖人之靜也非曰靜也善故靜也萬物无足以鐃心者故靜也水靜則明燭鬚眉平中准大匠取法焉水靜猶明而況精神聖

『荘子』　外篇天道　第十三，郭象注

ところで馬氏によると、この相という地名は、春秋時代、陳にも宋にもあったが、老子の生地は、『荘子《そうじ》』天道篇第十三に、孔子が沛《はい》というところで老子と会見したという記事から推測して、宋の相だという。けだし、宋の相が陳の相より沛に近いからだと。しかも宋の相は漢代の苦県《こ》に属し、『括地志《かっちし》』によると、「苦県は亳《はく》州谷陽《こくよう》県の界に位置し、老子の宅および廟《びょう》があった。廟中には九つの井があり、今もなお存している。いまの亳州真源《しんげん》県にあたる。」となっている。この真源県は、現在の河南《ホーナン》省鹿邑《ルウイ》県である。

ここで出てくる楚・宋・陳という三国はいずれも黄河以南から揚子江あたりに展開していた国のひとつで

ある。老子の思想が南方思想だといわれるのは、前記三国のいずれに老子の出世地が属するか明確に決定できないにしても、理由のあるところであろう。

(2)　老子・老萊子《ろうらいし》・太史儋《たん》

『史記』三注合刻本には、「姓は李《り》氏、名は耳《じ》、字《あざな》は伯陽《はくよう》、諡《おくりな》して聃《たん》という」とあった。老子または老聃と李耳と三通りの呼び方がある一方、ここでは伯陽と字《あざな》していたとされている。『史記志疑』を書いた清朝の梁玉縄《りょうぎょくじょう》や『読書雑志』を書いた王念孫《おうねんそん》によると、『史記』の原文は「名は耳、字は聃、姓は李氏」であったという。それは索隠《さくいん》本（司馬貞の『史記索隠』）に、「名は耳、字は聃」とあって、「伯陽諡曰」の四字がないこと、『文選《もんぜん》』巻二十・孫楚《そんそ》の詩注、および『後漢書』巻七・桓帝《かんてい》紀の注に引いている『史記』の本文からしてもいえることだ、としている。

そうすると三注合刻本で、「字は伯陽」といっているのは誤りで、後人の改竄《かいざん》ということになる。ちなみに、伯陽は、周の幽王《ゆうおう》（紀元前七八一～紀元前七七一ころの王）時代の人で、『国語』の「周語上」に、周の滅亡することを予言したとあるから、これは後人の混同であって、司馬遷自身がこのような誤りを犯したとは考えられない。そうだとすれば、老子の姓名は李耳、字は聃ということになる。古来中国では名と字とはなんらかの意味上のつながりをもたせるのが通例であった。たとえば、孔子は名を丘《きゅう》、字を仲尼《ちゅうじ》といったが、それは、孔子の母が尼丘山に禱《いの》って生まれたので、山の名を名と字にわけたからだといわれている。

老子の場合も、姓は李耳、字を聃といったとすれば、これも名と字と通じていることになる。すなわち、

『説文《せつもん》』によると、聃《たん》とは「耳《みみ》、曼《まん》也」とあるように、耳たぶがたれさがった、いわゆる福耳を意味するからである。

しかし、それならば李耳をなぜ老子または老聃といったのだろうか。これにも諸説がある。たとえば鄭玄《じょうげん》（一二七〜二〇〇）は『礼記』哀公《あいこう》問の注において、老子とは長寿者の尊称であるといい、また姚鼐《ようだい》は『老子章義』において、老は氏、子は姓、李は子の転じたものだとする。馬叙倫《ばじょりん》もこの説にほぼ同じである（『老子覈古《かくこ》』）。

これも今となっては、なんとも確定的にいえる材料はないのだが、後漢の人で、比較的古い時代の、しかも漢代儒学の最高の担《にな》い手だった鄭玄のいうように、老子・老聃の老は、長寿者ないし歯徳《しとく》ある者に対する敬称の意味ではなかったろうか。

さて、次は老莱子《ろうらいし》と老子の関係であるが、これはどうも別人であったらしい。『史記志疑』には、「案老莱子与老聃判然二人」とあり、『漢書』芸文志にも老莱子十五篇を掲げている。また、畢沅《ひつげん》は、「老子と老莱子とは別人である。老子は苦《こ》県の人、老莱子は楚《そ》の人。古《いにしえ》に莱氏というものがあった。春秋左伝に莱駒《らいく》という人がいたとある。老莱子はまさに莱子で、老は称号であろう。列禦寇《れつぎょこう》の師《し》が老商氏で、商氏を敬称していたのと同じである。」といっている（『道徳経攷異《こうい》』序）。

しかも、司馬遷自身が両者を別人としていたことは、『史記』巻六十七・仲尼弟子列伝において、「孔子の厳事する所は、周に於《おい》ては則《すなわ》ち老子、楚に於ては即ち老莱子……」といっていることからもわかる。司馬遷は、老莱子もまた孔子と同時代の人としている。

馬敍倫は、『史記』老子伝では、老子と老萊子とは同一人であるかも知れないという疑いもあるが、「仲尼弟子列伝」では判然とふたりに区別しているから、自分も畢沅《ひつげん》の説が最も信ずべきだと思う、と述べている（前掲書「老子老萊子周太史儋老彭非一人考」）。

さらに第七段において、太史儋《たん》と老子とは同一人かどうか然否両論があってわからぬとしているが、これもむずかしい問題である。清朝の人畢沅は、いにしえは聃と儋は音が通じており、両者は同一人であろうという（『道徳経攷異』序）。

武内義雄博士によると、太史儋が秦の献公に閲見した記事は、『史記』の「周本紀」・「秦《しん》本紀」・「封禅《ほうぜん》書」にも出ていて信ずべきものがあるという。さらに武内博士は、老聃の行事と太史儋の行事とを比較してみると、①老聃が周の守蔵室の史であったのと、儋が周の太史であったのと似ている。②老聃が周を辞して西遊した伝説と、儋が秦に至って献公に説いたという記事とは似ている。ゆえに、老聃と太史儋とは、その名が相通ずるのみでなく、その行事も似ていて、両者同一人だとする説が全くの誤りともいえないとしている（『老子原始』）。

その他、諸説まさに紛々《ふんぷん》たるものがあるが、結局のところ、これもいずれかに決することはできない。

ただここで注意すべきことは、先に老萊子と老聃とを疑い、今ここで太史儋と老聃とを疑っているのは、司馬遷の当時すでにこれら三者の間に混同した伝説があったことを事実として示しているということである。さらに、それにもかかわらず老子伝の全体を推してみるとき、司馬遷自身が老子の実在を疑っていたか信じていたかという点になると、どうも彼は老子の実在人物たることを信じていたらしい。

孔子と老子の会見
山東省嘉祥県の漢代の武梁祠《ぶりょうし》画像《がぞう》石

(3) 孔子・老子会見のこと

さて次に、『史記』老子伝の中で最も問題になることは、第二段の、孔子と老子が会見したという記述である。しかも、これは、孔子が老子のところへ教えを請《こ》いに出向いたというのであるから、いっそう後世にいろいろな問題を投げかけている。問題の焦点になることは、もしこの会見が事実だとすれば、老子の歴史的実在人物だったことは明白であり、また、孔子と老子は同時代者で、老子の方が年輩だったという点である。孔・老会見の叙述は「老子伝」中最も詳細であって、読者をして、その事実性を信じさせるものがあるかのようである。はたしてどうであろうか。

ところで孔・老会見のことは、同じく『史記』巻四十七・孔子世家に見える。

「……魯《ろ》の国の南宮敬叔《なんきゅうけいしゅく》は魯の君主に「願わくは孔子と周に往《ゆ》くことをお許しいただきたい。」と請うた。魯君はこれに一台の乗車と二頭の馬と侍者を与えた。敬叔は孔子の供をして周に行き礼を問うたというが、それは老子に会見して教えを請うたのである。

孔子と敬叔が老子のもとを辞して去るとき、老子はこれを送っていうことに、『わたしは聞いている。富貴なる者は人を送るに財をもってするが、仁人《じんじん》（仁徳を修めた人）は言葉《ことば》をもって人を送るものだ、と。もとよりわたしは富貴であるはずがないから、仁人をまねて言葉をもってあなた方をお送りしよう。』そういった老子は、『聡明《そうめい》でよく物事を深察する人でも、死に近づくと人のことをあれこれと批判・批評するもの、弁説《べんぜつ》さわやかで、しかもゆったりした心の持ち主も、自分の身が危《あやう》くなると、とかく人の悪をあばきたてるようになるものだ。したがって、人の子たるもの、人の臣たるものは、おのれの憶《おく》見《けん》や執心《しゅうしん》をもって人に対してはならない。』ということばをこの両人に送ったということである。」

これが該当部分の口語訳のすべてである。先の「老子伝」では、孔子が老子に会見した時のことを叙述していたが、ここでは辞去するときのことばをしるしている。前者において老子が孔子に与えたことばは、まことに峻烈《しゅんれつ》きわまりなく、孔子にとってミもフタもないほどであるのに反し、後者においては、きびしさはあまり感じられず、そのひびきはゆるやかである。しかし、両記事とも、老子のいわんとしているニュアンスは同じ傾向のものということができるであろう。梁玉縄《りょうぎょくじょう》は『史記志疑』において、「驕気《きょうき》多欲、態色淫志《いんし》は、また孔子に語《つ》げる所以《ゆえん》に非《あら》ず。まさに世家によるを近実となすべし」（巻二十七）といって、老子伝中のことばはきびしすぎて、とうてい孔子に投げられたものとは思われない、孔子はそんな人物ではなかった、と考えているようである。

さて、それにしても孔子・老子の会見は事実かどうか。肯定説と否定説と、両々相並んでこんにちに至っている。

会見肯定説の方からいうと、清朝の学者、閻若璩《えんじゃくきょ》は諸説をあげてこの問題を論じたのち、会見は昭公二四年、孔子三四歳の時であろうとした（『四書釈地続』）。『礼記《らいき》』巻七・曾子《そうし》問に、「孔子曰く、昔者《むかし》吾老聃《ろうたん》に従い、葬を巷党《こうとう》に助けしとき、堩《こう》に及びたるに日これを食するあり……」とあって、孔子が礼を老子に聞いたとき、たまたま日食があったことをしるしている。『春秋』によると、この年の夏五月、確かに日食のあった記事が見える。しかし、昭公の世には、七回日食があって、二四年だけでないこと。また、二四年二月には、南宮敬叔の父、孟僖子《もうきし》が死んでいるから、喪中《もちゅう》で孔子と同行することはできなかったはずだ、という反論もある。さらに、「孔子世家」の文を前後にかかわって読むと、会見したのは、孔子が一七歳から魯《ろ》の昭公の二〇年、孔子三〇歳の間でなければならないことになる。こうなると、閻若璩《えんじゃくきょ》の説も決定的とはいえない。しかし、馬叙倫《ばじょりん》は、老子の生没年を知るべき資料はなく、『史記』も何を典拠としたか不明であるとしつつも、『荘子《そうじ》』(天道・第十三)引くところの「孔子行年五十有一、……乃《すなわ》ち南のかた沛《はい》に之《ゆ》きて老子に見《まみ》ゆ。」をむしろ妥当とし、さらに孔と老の会見は一再ならずなされたのではないかという説を支持している(『老子覈詁《かくこ》』)。

次に会見否定説である。中国で『史記』の述べるところを疑った最初の人は、南宋時代の葉適《しょうてき》で、その著『習学記言』において、『史記』列伝の老子と、著者の老子とは別人であろうといっている。次いで羅璧《らへき》という南宋末期の人は、その著『識遺《しきい》』において、孔子と老子が会見したという記述は、全く『荘子』の寓言《ぐうげん》から出たものだとしている。さらに、一八一六年、七七歳で死んだ清朝の崔東壁《さいとうへき》という人は、その著『洙泗《しゅし》考信録』において、次のように述べている。

孟　子

崔《さい》東《とう》壁《へき》の説

「余が思うに、老聃《たん》の学について経伝でふれているものがない。ただ『大戴礼記《だたいれいき》』の曾子問篇に、孔子が礼を論じて老聃のことに及んでいるものがあるけれども、俗説で信用するにたりない。戦国の時代に楊朱《ようしゅ》・墨子《ぼくし》がならび起こり、その論争がたがいにはげしくなると、自家の説を権威づけるために皆古人に託して、古《いにしえ》の聖人はかく言った、その説をわれわれは持しているのだ、といい合った。

儒家は孔子の説を称揚しこれを尊崇《そんすう》していたが、楊氏の説をなすものは老聃をひっぱり出して、これをたてにして孔子一派の学説を非難した。また、儒者が堯舜《ぎょうしゅん》を尊崇すると、楊氏の説を称揚するものは黄帝に自説を託してもって堯舜をしりぞけていた。黄帝の時はまだ礼楽が定まっていないから、老聃もその下位にかくれていた。黄帝をひっぱり出したのは、その言行のあとが楊氏の説に近かったからである。

いま『史記』が記載している老子の言《ことば》をみると、みな楊朱の説で、しかもその文は戦国時代諸子のものに似て、『論語』や『春秋』伝の文と全く類を異にしたものである。しかも、孔子は老子のいうような、驕気《きょうき》・多欲・態色・淫志《いんし》の持ち主であったろうか。決してそうではなかった。物事のなりゆきを深く洞《どう》察《さっ》し、博《ひろ》く豊かな知識と弁説をもって、しかもなお、どうして死に近づき身を危うくすることがあり得たろうか。老聃《たん》が孔子にこのような言葉を告げてどうしようというのか。これによって考えてみるに、老子が孔子にこのようなことをいったというのはでたらめである。……道徳経五〇〇〇言を作ったのはだれかわからないが、要するに必ず楊朱《ようしゅ》の徒のいつわって仮託《かたく》したものである。

この故に、孟子がただもっぱら楊墨《ようぼく》を非難して黄帝老子の説をふせがなかったのは、黄老の説をなすものが黄老ではなくして皆楊氏だったからである。もし五〇〇〇言の説がほんとうに老聃から出ているものならば、老聃は楊墨の前の人であるから、孟子が一言もこれを非難することなく罪を楊朱に帰せしむることはなかったはずである。

秦《しん》漢以後、老子の説はますます盛んになったが、人々はそれが黄老の説であることを知っても、楊朱から出たものであることは知らず、ついに楊墨の説はすでに衰えたとするものがあったり、黄老の説を尊んでも楊墨を非難するものがあった。これらは皆、世々伝承してきた黄老の言といわれるものが実は楊朱の〝為我《いが》説〟であることを知らないからである。………」

これによると、崔東壁《さいとうへき》という人は、老子の道徳経を楊朱の徒の偽作だとし、『史記』の老子伝も楊朱の説によって述べたものだといい、老子の実在をも否定している。

また、わが国では、伊藤仁斎《じんさい》の末子蘭嵎がその著『紹衣稿《しょういこう》』においてきびしい『史記』の記述批判をしている。そのいうところを要約してみると、次のようである。

伊藤蘭《らん》嵎《ぐう》らの説

「老聃という人は古において実在したものではない。けだし、それは荘周が初めて事にかこつけて名づけたものである。それは荘周が一家をたて、老聃を祭祀《さいし》の中心となし、自らその前に祝辞を告げることによって、自家の説を権威あらしめようとしたまでである。項梁《こうりょう》が楚《そ》の懐《かい》王の孫心をたてて人心を収めようとしたのもこの例である。

　ところで、昔、孔子が古の聖賢君子を列序し、これを敬慕《けいぼ》したことは論語にみられるところである。もし実際に老聃という人物がいたならば、これを隠居放言するもののうちに入れず、必ず杖《つえ》をもって脛《すね》をたたくものと科《とが》を同じくしてこれをおい祓《はら》うであろう。しかるに一言も老聃をいうことなく、一辞も李耳《りじ》に及んでいない。これ実にその人なき証拠である。

　かの孟子は邪説の暴行を防ぐにおよんで、つねにただ楊朱・墨翟《ぼくてき》をあげ、父を無《な》みし君を無みするは禽獣《きんじゅう》である、楊墨の道がやまなければ孔子の道は明らかにならぬ、といった。さらにまた、告子《こくし》と於陵《おりょう》子《し》とをあげてともにその非なることを弁じ、神農の言をなすものについてすら、それほどうるさくないのに痛烈にこれを非難した。しかるに、老聃・李耳については一言もこれに及んでいない。これ実にその人なき証拠である。

また、荀子《じゅんし》の「非十二子」篇に、一二人が非難されているが、ここにも老聃《たん》ははいっていない。これ実にその人なき証拠である。司馬遷は漆園《しつえん》の吏たる荘周の寓言《ぐうげん》を信じ、その当時黄帝《こうてい》老子の説を唱えるものに合わせて伝記を作り、姓は李、名は耳とし、周の柱下史とし、孔子がおもむいて礼を問うたとし、かの道徳経五〇〇〇言を、関《かん》を出るとき尹喜《いんき》に授けたとしたのは、けだし皆事実無根のことである。だが、自分だけがひとりあえて奇を好み異説を誇ってみだりにこのようなことをいうのではない。

とすると、今に伝えられている老子の書はだれが作ったものか。思うに、漢の初め〝挾書《きょうしょ》の律〟が解かれて民間にかくされていた書を献ずる者には賞を出すことになったが、その時、だれか荘周の意をくみ、あわせてその語を剽竊《ひょうせつ》(人の詩文をぬすみとって自分の作に入れること)して『老子』『列子』の二書を作り、その恩沢を得ようとしたものがあったのではないか。もしそうでないとすれば、楊朱子の書を偽作して、老と朱とその篆文《てんぶん》が似ているところから後世あやまって老子としたのだろうか。………」

これによると、蘭嵎《らんぐう》は、老子が実在の人物であったことを否定し、道徳経が荘周の説をぬすみとったものか、あるいは楊朱の書の偽作であろうとしている。

次いで帆足万里《ほあしまんり》は、『入学新論』の「原教」第一において一〇か条をあげ、老子の書を鄭韓《ていかん》地方の偽撰《ぎせん》だとしている。さらに、斎藤拙堂《せつどう》は、『老子辨《べん》』五篇を著わし、詳細に『史記』の記述を批判している。その理由は『論語』には孔子と交わりのあった当時の諸賢人をあげてあるのに、老子に関するものはひと言もないこと、『孟子』においても同じであることから、老子は架空《かくう》の人物であるとしている。また、『史記』にみえる孔・老の問答は、『荘子《そうじ》』天運篇にもとづいたものであって、『荘子』中には寓言《ぐうげん》が多く、事実とは認めがたいとし、さらに、老子のような人物に、孔子が礼楽について問質することはあり得べからざることであるという。したがって、『礼記《らいき》』巻七・曾子《そうし》問にみえる老聃は、この老子と別人である、としている。

『荘子』引用説

このように、孔・老会見をめぐって、老聃の実在性、『老子』書の真偽にいたるまで、これまた諸説紛々《ふんぷん》である。ただこの中で、孔・老会見のことは『荘子』からとって作文したものだという説には根拠がある。すなわち、「天道・第十三」には、

「孔子西のかた書を周室に蔵せんとす。子路謀《はか》りて曰《いわ》く、由《ゆう》聞く、周の徴蔵史《ちょうぞうし》に老聃という者あり。免《じ》して帰居す。夫子書を蔵せんと欲すれば、試みに往きて因《よ》れ。孔子曰く、善しと。往きて老聃に見《まみ》ゆ。老聃許さず。ここに於《お》いて十二経を繙《ひもと》きて以《もっ》て説く。………」

つまり、孔子が弟子の子路から聞いて、老聃という周の徴蔵史をやった男のところに、書物をしまっておくことを頼みに行ったが、ことわられた……という話である。また同じく「天運・第十四」には、

「孔子老聃に見ゆ。帰って三日談ぜず。弟子問いて曰く、『夫子老聃に見ゆ、また将《まさ》に何をか規《ただ》さんとする』と。孔子曰く、『吾《われ》は乃《すなわ》ち今ここに於てか竜を見る。竜は合して章を成し、雲気に乗じ、陰陽に養わる。予口張りて噌《あ》う能《あた》わず。予また何ぞ老聃を規《ただ》さんや。』と。」

とある。前の引用は孔子が周におもむいたことを、後は老子と会見後の孔子の老子に対する印象である。さ

らに、「外物・第二十六」には、

「老萊子《ろうらいし》の弟子出でて薪す。仲尼《ちゅうじ》に遇《あ》う。反《かえ》って以て告げて曰く、『彼に人有り、上に修《なが》く下に趨《せま》る、末僂《ろう》にして後耳、視は四海を営むが若《ごと》し。それ誰氏の子なるかを知らず。』と。老萊子曰く、『これ丘なり、召して来らしめよ。』と。仲尼至る。曰く『丘よ、汝の躬《み》の矜《ほこり》と汝の容知とを去れ、斯《ここ》に君子と為《な》らん。』と。仲尼揖《ゆう》して退く。……」

薪《まき》をとりに出かけた老萊子の弟子が、上半身が長く、下半身の短い、肩や背がこごまり、耳が後ろの方についていて、目つきは天下を営もうとしているかのような孔子に出遇《あ》った。老萊子は、「丘よ、お前のもっともらしいてらいとこざかしさとをとり去れ、そしたら君子になれるだろう。」といった、というのである。これは「老子伝」の「子の驕気《きょうき》と多欲と、態色と淫志《いんし》とを去れ」と意味が通ずる。司馬遷はおそらくここから取ったのだろうというわけである。

ところが『荘子』の中には寓言《ぐうげん》、つまり、かこつけやたとえによって立論されている篇が多く、司馬遷がこのような寓言を材料にして「老子伝」を書いたということになると、とうてい孔・老会見を信用することはできない――これが否定説の骨子である。

さらに、道家ないし神仙系統の文献では、儒家説より道家説を尊重するたて前から、当然この孔・老会見を肯定的にみるが、儒家の立場からすると、孔子が周に行って老子に礼を問うた、などという説は体面上・権威上これを信ずるわけにはいかない。そこからまた、老子が架空《かくう》の人物だという説も出てくる。

(4) 老子はいつごろの人か

　さて、前に述べたことがらのうち、最も重要なのは、老子が実在したか、老子と孔子とは会見したか、という二点であろう。老子を、たとえば、伊藤蘭《らん》嵎《ぐう》のように、全然架空の人物としてしまえば、いっさい問題でなくなる。しかし、司馬遷は史官として、自らも「天下の遺文古事、ことごとく太史公に集まらざるはなし」と豪語し、自信のほどを示したように、相応の資料にもとづいて「老子伝」を書いていることは疑いをいれぬところである。単なる架空の人物を、たいして信憑性《しんぴょうせい》のない資料でまことしやかに作文したものではないであろう。想像される司馬遷の人柄からしてもそのようなことはあり得ないであろう。

　そこで、もしも孔・老会見が事実だとすれば、孔子三四歳のときであれ、または五一歳のときであれ、老子はこれより先輩であるから、どうしても紀元前五〇〇年ごろの人ということになる（孔子は紀元前四七九年、七四歳で死んだ）。

　ところが、「老子伝」第八段にはいとも明確に、老子の子孫の系譜が述べられている。

　老聃—宗—注—宮—○—○—○—假—解

　つまり、老聃の子宗は魏の将となって段干《だんかん》に封ぜられたとあり、それから降って解という人は（老子の八代目の子孫に当たる）、膠西王卬《こうせいおうこう》の太傅《たいふ》となり、斉《せい》に住んだという。卬は漢の孝文帝の一六年（紀元前一六四年）にたち、景帝の三年（紀元前一五四年）に呉楚《ごそ》七国の乱に誅《ちゅう》せられた人という。そして、魏《ぎ》の建国が、『資治《しじ》通鑑《つがん》』（巻一）によると周の威烈《いれつ》王二三年で紀元前四〇三年に当たる。この間およそ二四九年、老子の子孫が八代であるから、一代約三〇年として計算すると、ほぼこの間の年数は合うことになる(武内義雄『老子原始』、小柳司気太『老荘の思想と道教』参照)。

孔・老会見の事実をもとに想定される老子の年代が紀元前五〇〇年ごろとするのに対して、子孫の代数から推算される老子の年代は紀元前四〇〇年ごろとなって、ここに前後一〇〇年の差が生ずる。そこで、武内博士は、司馬遷もこの矛盾に気づいて、老子の年齢を一六〇余歳または二〇〇余歳とする俗説を採用し、道を修めて寿を養った老聃の長寿を述べているが、人寿が一六〇〜二〇〇歳を数えることは常識的にあり得ないから、両者のうちいずれかが誤りであるとする。

武内博士は、「老子伝」および「孔子世家」に出てくる孔・老会見のことはいずれも『荘子《そうじ》』にあったとし、伊藤蘭嵎《らんぐう》の説と同じく『荘子』の寓言を採用したもので信用できないという。さらに、「世家」によると、孔子が周におもむいた年代はほぼ想定し得るように書いてあるが、『春秋左伝』から考証すると、このころ孔子が周に行くことはあり得ない。孔・老会見は、老聃が孔子よりすぐれた人物であることを示そうとする意図もみえるから、老荘後学《こうがく》の埋造《ねつぞう》から出たものであろう――このような見解のもとに、武内博士は孔・老会見を否定し、したがって、老子の年代をその子孫から推算した紀元前四〇〇年ごろであると推定する。さらに、道の概念を推しても、孔子の道の概念より、老子の道の方がより哲学的で、前者を道の第一転義とすれば、後者は第二転義とすべきで、したがって、道家思想は儒家の後に起こったものという(武内義雄『老子と荘子』)。

ところが、馬叙倫《ばじょりん》のように、孔・老会見を肯定的に論証する学者は、武内博士の説と異なった推定をくだす。馬氏は、梁玉縄《りょうぎょくじょう》の『史記志疑』の説、つまり、「孔子世家」における南宮敬叔《けいしゅく》の生年は昭公一一年、孔子は昭公七年の時一七歳で、周に行ったという説は敬叔が生まれていないから成りたたない。また、三四歳会見説は、敬叔の父僖子《きし》が死んだ年で、喪に服しているはずであり、かつ一四歳で出遊し君に見《まみ》えることはあり得ない。そこで、『荘子』の天道篇にみえる五一歳説が有力であると支持している。さらに、彼はこの説を裏づけるために詳細な考証をしたのち、老子は周の定王から簡王の世に生まれたとし、孔子五一歳で老子に会見したときは、敬王一八年で、老子は八〇〜九〇歳になっていたはずだという。そして、司馬遷は老子が死んだのはわからないとして、「其の終わる所を知るなし」といったが、没年は正確にはわからないにしても、『荘子』養生主篇の「老耼死す。秦失之《しんいつ》を弔《とむら》う」の記事は必ずしも空言でないことを馬叙倫は主張する（『老子覈詁《かくこ》』）。

だから馬叙倫のように孔・老会見を肯定すると、当然老子は孔子より三〇〜四〇年先輩の同時代者となり、紀元前五〇〇年ごろの人となる。

老子および『老子』書をどうみるか

　以上、筆者は、『史記』にみえる老子の伝述をとりあげ、それに内在するもろもろの疑問点を指摘し、かつ、それに対する先人の研究や見解を紹介してきた。すでに一読してわかるように、提出された疑問――それはまた久しく学者たちの問題点でもあったのだが――の数々は、どれひとつとして、明確に立証し、確定できるものはなかった。仮定による推論、推論による仮説、悪くいえば、わからないことの周囲を堂々めぐりしているにすぎないかのような印象をぬぐい去るわけにはいかなかった。
　このような老子研究（人物および書）の経緯にかんがみて、ここにわれわれは何らかの老子および『老子』書に対する基本的態度をもつ必要があろう。これについて、かなりはっきりした態度を示している学者の意見を紹介しておこう。その一つは馮友蘭《ふゆうらん》の『中国哲学史』（第八章）である。

馮友蘭と原博士の説　彼はまず、『老子』書は従来孔子より年長の老子によってつくられ、したがって、孔子より以前の成書だと考えられていたが、最近では一変して戦国時代の作だとされるようになった、という。その説を彼もまた認め、その理由として、①孔子以前には、私人の著述はなかったから、『論語』より以前に『老子』が出るわけがない、②老子の文体は問答体ではないから、『論語』より早いわけはない、③『老子』の文は簡明な「経」の体をなしているから、戦国時代の作品であることは明らかである、と三点をあげている。

彼は司馬遷の父太史談《たん》の「道家は人をして精神専一ならしめ、動きて無形に合《かな》い、万物を贍足《せんそく》す。其《そ》の術《じゅつ》たるや陰陽の大順に因《よ》り、儒墨《じゅぼく》の善を采《と》り、明法の要を撮《あつ》め、時と遷移《せんい》し、物に応じて変化し、俗を立てて事を施す。宜《よろ》しからざる所なし。指約《むねつづまやか》にして操《と》り易《やす》く、事少なくして功多し。」という道家の特徴をあげた文を示し、道家がよく諸家の長所をとって一家をなしているがゆえに、諸家よりも後に起こったものだという。しかるに、学者で各家はみな道家より発生したというものがあるのは、父談の六家の要旨をよく読んでいないからであり、また、このような錯誤《さくご》があるのは、司馬遷が「老子伝」をつくるに当たり、李耳《りじ》と伝説中の老聃とを同一人とした点に由来《ゆらい》するという。

つまり、『老子』書にもられている思想の首領は、戦国時代の李耳であり、伝説中の実在不明なる「古の博大真人」(『荘子』天下篇にあり)といわれるのが老聃であった。李耳は隠君子で自ら隠れて名なきをもって務《つと》めとなしたから、自己の名を出さず、伝説的人物、「博大真人」なる老聃にその思想を仮託したのだというのである。こうして、李耳は子遷がその子孫の系譜を明示しているように実在の人物であったが、老聃は架空の人物で両者は同一人ではないとする。

しかし、馮友蘭は前の説もまた確定的ではなく、現在本『老子』もまた漢人の整理編纂《へんさん》の手を経ているからひとりの手に成ったということはできない、としている。

また、原富男博士は、『現代語訳老子』の「まえづけ」において、現在本『老子』が九・九・八一の数に合わせてつくられたもので、そのままが原始でないことは常識になっていることを前提とし、武内義雄博士の考証した句句の韻《いん》をふんでいるもの一八か条、『史記』のなかで、司馬季主《しばきしゅ》および賈誼《かぎ》らの名に託されて引用されたものと司馬遷自身が引用したものを整理した一八か条、さらに現在本『韓非子《かんぴし》』のなかのものを合わせてつごう五七か条が、現在本についてみることができる西紀前後までの老子原始の限界ではなかろうかとされている。しかし、原博士もまたいわれるように、どのように考証してきても、最後にはどうしても落ち着かないものが残る。『老子原始』といわないまでも、「いわゆる定本さえも、わたしばかりでなく、おそらくは、だれにもつくれないのではなかろうか。」というのが、ほんとうのところであろう。

以上からして、われわれは、老子および『老子』書について、次のような態度をとりたいと思う。

『史記』老子伝に対する見解

㈠　すでに明らかにしてきたように、『史記』の老子伝は、老子に関するまとまった、しかも最も古い唯一《ゆいいつ》の伝記であった。「天下の遺文古事、ことごとく太史公に集らざるはなし。」と自らいった司馬遷が、おそらくあたう限りの資料を駆使《くし》して書いたのが、『史記』であったろう。身は宮刑にまで処せられ、一世の栄誉をことごとく棄《す》て、屈辱と憤懣《ふんまん》の中に生きた悲運の歴史家がただ自らの史官としての使命にもとづき、しかも父談《たん》の遺訓を胸に秘め、孔子の『春秋』制作にこめられた大義名分をもって範としながら書きつづった『史記』である。それは「老子伝」においても例外なく妥当することである。

そのような前提にたって、くり返しこれを読んでみると、司馬遷は個人としての老子の実在を信じていたもののようである。「その終わる所を知るなし」といい、楚《そ》人の老萊子《ろうらいし》が孔子と同時代の人で、老聃ではないかという説をあげ、さらに孔子没後一二九年（徐広《じこう》は『老子集解』において一一九年という）に出たといわれる周の太史儋《たん》が老子ではないかとの説を加えながらも、他方、彼自身は、老子の子孫の系譜をあげて、その実在を証拠づけている。

子遷のこのような、ある意味であいまいな部分を残した「老子伝」であったからこそ、後世こんにちに至るまで、老聃の実在についてさまざまな臆説《おくせつ》や推論が提示されてきたのである。

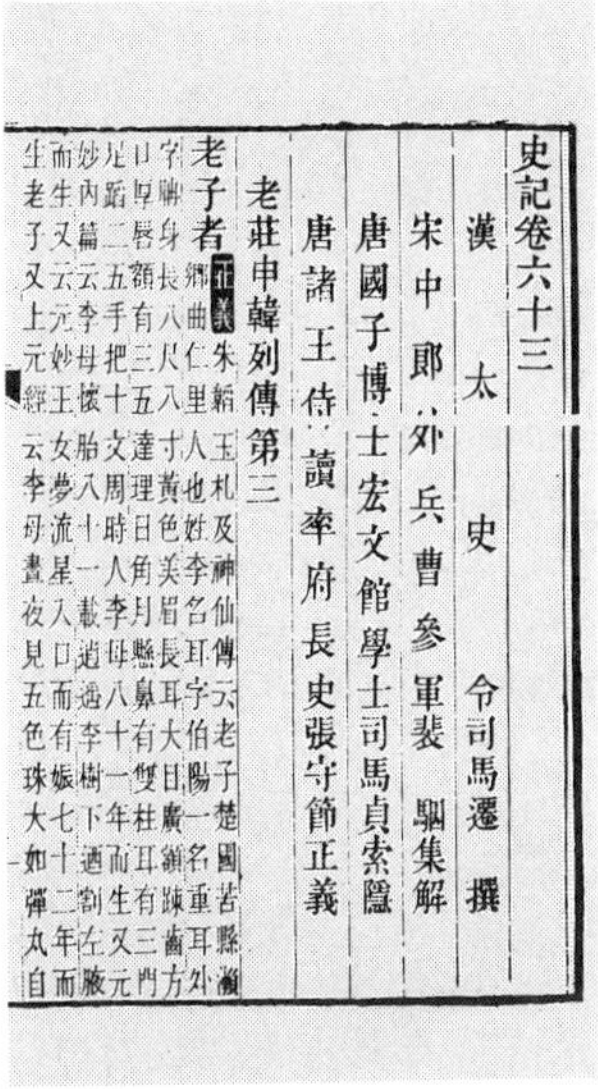
史記卷六十三
漢　太　史　令司馬遷　撰
宋中郎外兵曹參軍裴　駰集解
唐國子博士宏文館學士司馬貞索隱
唐諸王侍讀率府長史張守節正義
老莊申韓列傳第三
老子者正義朱韜玉札及神仙傳云老子楚國苦縣瀨鄉曲仁里人也姓李名耳字伯陽一名重耳外字聃身長八尺八寸黃色美眉長耳大目廣額疏齒方口厚脣額有三五達理日角月懸鼻有雙柱耳有三門足蹈二五手把十文周時人李母八十一年而生又元妙內篇云李母懷胎八十一載逍遙李樹下迺割左腋而生又云元妙玉女夢流星入口而有娠七十二年而生老子又上元經云李母晝夜見五色珠大如彈丸自

『史記』　老荘申韓《しんかん》列伝第三

しかし、くり返していうが、子遷は『老子』書を書いた一個人がいたものと信じていたらしい。後世学者の研究は、この書が、一時期、一個人の手によってできたものでなかろうということを、いろいろな角度から立証している。筆者もまた、決して現在本『老子』が、一時期、一個人の手によって書かれたものでないことを認める。

しかし、虚心平気にこの現在本『老子』八十一章を通読するとき、全体の思想の脈絡や、思想されている内容からみて、単に古い時代から伝承されてきた民間人の公語のようなもの、教訓のようなものが、寄せ集めてつくられたとはどうしても考えられない。たとえば、アイヌの『ユーカラ』であるとか、口伝《くでん》されていた物語風のものを記述した『古事記』だとか、そういうものは、確かに民間人の伝承の記述・文章化を可能とするであろう。

ところが『老子』書は、非常に深い内容をもち、微妙な言語表現をともない、多面的な視野をもった思想の書である。物語は字義通り、語り伝え、伝えられた話である。そこにはスジがある。だから、時を経、所を異にしても、ことばが共通である限り、そのスジに従えば語り伝えられ、衆人のものとされることができるであろう。また、思想とか考え方といっても、たとえば、それが諺《ことわざ》のように単純な、人々に言い習わされてきたものであれば、経験的に受容され伝承されることも可能であろう。しかし、『老子』が、そのような内容のものだとは、こんにちわれわれが読んでみて、とうてい考えられない。それは、確かに古代のみならず、一般に中国という風土と民族固有の、いわば思考の型、処世の態度を反映したものであろう。『老子』書は、そのような風土的な民族の個性にいちじるしく密着しながらも、その思想がきわめて洗練され、陶冶《とうや》され、昇華されたものであるところに特色がある。

したがって、『老子』書には、後世の人が手を加えた部分のあることを認めるにしても、なおかつ、道徳・

政治その他人間の社会生活全般にわたる深い経験と思索力の持ち主による知恵の発露であると思われる。少なくとも、そのような、人間のことに堪能《たんのう》な一個人の思索されたものが核にならなければ、このような書物ができあがるはずはない。「老子伝」に示された老聃がその個人であるか、あるいは他のだれかであるか、それはすでに決定できないにしても、老子～老聃という名にかけられた個人の書の充実、展開が現在本として残されたものであろう、と考える。

『老子』の成書年代

(二)　次に『老子』の成書年代であるが、すでに諸説を紹介したところからしてもわかる通り、現在に至っては、明確にすることができない。

老子およびその書が、戦国時代にかけられる説は、現在学界でかなり支持されている。その主たる理由は次の通りである。孔・老会見の記事は、『荘子《そうじ》』にもみえる。だから司馬遷の「老子伝」および「孔子世家」は、『荘子』によったものであろう。しかし、『荘子』は寓言《ぐうげん》が多く、その資料的価値に疑問があって信ずるにたりない。よって、孔・老会見は空言《そらごと》である、と。

また、儒家の祖たる孔子が、こともあろうに老子に会見して教えを請うなどもってのほかである。これま「た空言にすぎない、という。さらに、『老子』には、たとえば、「大道廃《すた》れて仁義あり」のように仁と義を連用し、また三十八章のように、仁義礼智が上徳に対して低く規定され、しかも一か所にまとめて使用してあるが、これは『論語』には見えない、むしろ『孟子』に至って初めて使用されているから、『老子』書

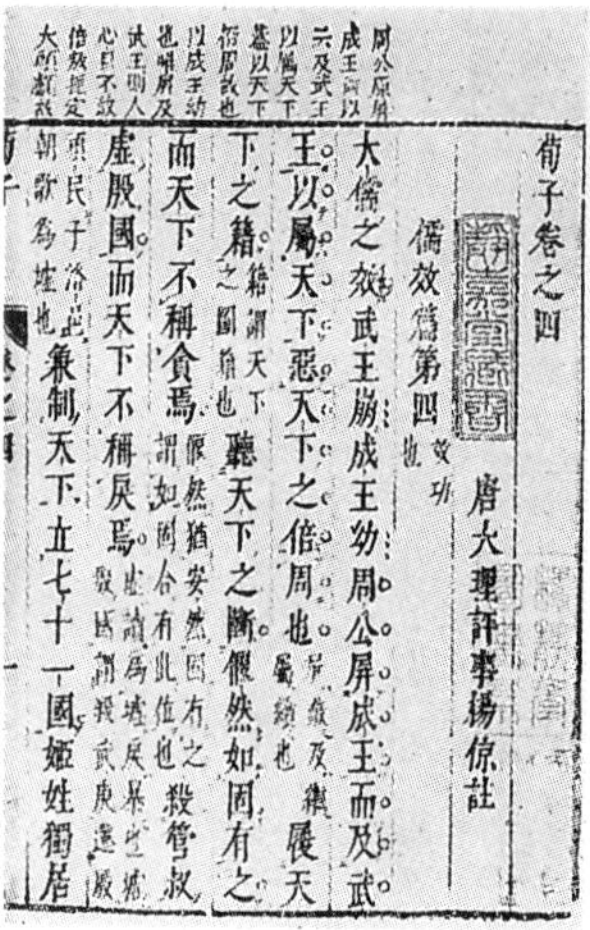
荀子卷之四

儒效篇第四　唐大理評事楊倞註

大儒之效武王崩成王幼周公屏成王而及武王以屬天下惡天下之倍周也……履天下之籍……聽天下之斷偃然如固有之而天下不稱貪焉……殺管叔虚殷國而天下不稱戾焉……兼制天下立七十一國姬姓獨居

『荀子』　唐の楊倞《ようりょう》が注した『六子全書』による

は『論語』よりあと、孟子時代のものである、とする。

『老子』の思想内容や老子のことばに関連ある先秦《しん》の古書には、『荘子』『荀子《じゅんし》』『列子』『呂氏《りょし》春秋』『韓非子』『管子』『慎子』『戦国策』『関尹子《かんいんし》』『文子』『鬼谷子《きこくし》』などがある。大浜皓《あきら》氏は、これらの古書と『老子』との関係を詳しく研究している（『老子の哲学』—「老子はいつ頃の思想か」）。そこで氏は、老子の思想は、孔子や墨子《ぼくし》よりものち、『荀子』天論篇よりは前、『荘子』天下篇の制作より以前、『韓非子』の解老・喩老《ゆろう》の二篇から推して、これより以前、と規定している。わけても、『老子』に最も関係深い『荘子』を分析し、「天下篇」の制作以前には、すでにまとまった形の『老子』書があったとしている。しかし、『荘子』中の老子思想に関係する諸篇は、内篇「応帝王」を除き、すべて外・雑篇である。外・雑篇は荘周の自著でなく、後人の作とされているから、大体を総合すると、早ければ『荘子』以前、おそければ戦国末か西漢(前漢)にかけて、現行本に近い思想内容があったとする。

以上の見解を考えてみよう。「老子伝」の孔・老会見が『荘子』から引用したものだという説は、事実『荘子』に該当する部分があり、しかも司馬遷自身が、どんな資料から孔・老会見のことをとりあげたかわからないこんにちにおいては、これを真向《まっこう》から否定することはできない。しかし、孔・老会見は他の資料から推して全く空言とはいいきれないふしもある。

また、孔子が老子に会見することは、儒家の祖としてあり得ざることである、との説は、儒家の立場からの自尊心によるもので、論証性はない。まして、原富男博士もいわれるように、漢代においてそれが優位するまでは、儒学〜儒家もまた、単に先秦諸子の一家にすぎなかった（『諸子学総論』結語）とすれば、むしろこのような意見こそ無意味でなければならない。

最も問題になるのは、仁義礼智ということばが孔子時代（『論語』）では連用されていない、という説である。仁義と連用することは『孟子』や『荘子』にしかないが、仁と義がふたつながらあげてあるものには、『易』や『左伝』もある。仁義礼智も『易』の乾《けん》の卦《か》・文言などにみえる。しかし、『老子』中に、仁義連用は十八章のみ、仁義礼智は三十八章のみである。このおのおの一つをもって、時代の前後を決定的にいうことはとうてい無理である。十八章・三十八章が、後の人の手によって書き加えられたかもしれない。

さらに、孔子がわざわざ教えを請いに行ったほどの人物のことが、まったく『論語』に出てこないから、老子は孔子と同時代または孔子より先とは考えられない、という説であるが、それでは同時代者とみられる『孟子』にも出てこないという事実をどう考えるか。また、孟子と荘周とはほとんど同時代人であるが、孟子は楊朱・墨子・告子の説には大いに反論を唱えているが、荘周の理論についてはひと言もふれていない。荘周が孟子にとって是認・受容さるべき人物であったとはとうてい考えられない。また同様に、『荘子』の中でも孔子には言及しているが、孟子についてはまったくふれていない。

このようにみてくると、『論語』『孟子』に老聃《たん》のことば・思想および人物名が出てこないからといって、それによって、時代の先後を断定的に決めることは不可能である。

広大な中国大陸

中国大陸は広大である。春秋・戦国時代において諸侯国が互いに勢力と界域を争って対立し、また、交通の不便であったことを考えれば、孔子と老子の思想的な交流〜接触が『論語』や『孟子』にみえなくとも、それほど不思議なことではない。まして、老子は南方思想であるといわれるように、春秋時代、北方都市国家群と対立抗争した南方都市国家群に属する地域に生じた思想である。周の藩屏《はんぺい》（周王朝をとり囲んで守護する国々のこと）であった魯《ろ》の国とは、その地域的差異も大きかったことを考えるとき、『論語』『孟子』に老子が出てこないからという理由で、先後を決めることはできない。

さらに重要なことは、その『論語』の中に、すでに老子的な思想が、孔子の言葉として残されている点である。たとえば、「君子は器ならず」（「君子不器」為政第二）といい「君子の天下に於《お》けるや、適も無く、莫《ばく》も無く、義と與《とも》に比《したが》う（「君子之於天下也、無適也、無莫也、義之與比」里仁第四）といっているところは、まさしく老子流の考え方である。君子はある特定の役〜用にたつだけの器であってはならない。君子はひとつのこと、特定の立場にこだわらず、可もなく不可もないところを実現することが、義にかない、義とともにあることだという。

こうなってくると、とても一概に『老子』書および老子を戦国時代に位置づけるわけにはいかない。孔子の時代にも、すでに老子のような思想はあったといえる。かくして、老子なる人物は、案外孔子と同時代者であったかもしれないのである。

最後にいわなければならないことがある。こんにち『老子』書で最も古く確実だとされるのは、唐の景竜二年（七〇八年）に立てられた石刻であるが、これはすでに孔子（または老子）の時代より一二〇〇年も経ている。それからあとこんにちに至るまで同じく一三〇〇年近く経過している。『史記』においてすら、あいまいとされたことがらを、どういう手続きをふんでみたところで、まったく別の新しい確実な資料でも発掘されない限り、決定的な学説をたてることは、こんにちではもはや不可能である。それは、前に明らかにしたところである。

とすれば、われわれは、『老子』現在本を、二千数百年来読み継がれてきた文化遺産として、まずすなおに受けとめ、これをどのように解釈し、読むか……という点にこそ、その努力を傾けるべきである。いかに読み、解釈するかということは、要するに歴史の中に自己を発見することである。そのような態度こそ、また、二千数百年にわたって読んできた先人の学問に対する態度にも合致するものである。

Ⅱ 『老子』書の背景

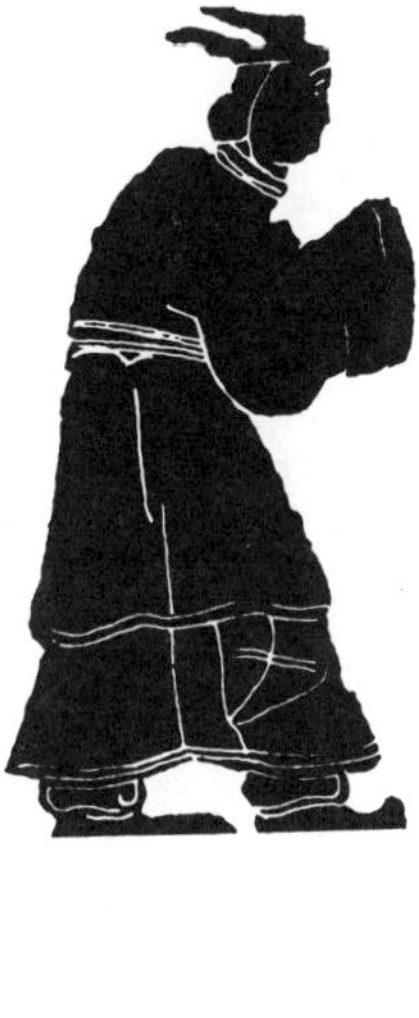

春秋・戦国時代

殷《いん》と周《しゅう》

すでに述べてきたように、結局のところ、老子という人物の存否、およびその書の成立時期については、はっきりわからなかった。しかし、それがおよそ春秋・戦国の時代にあらわれた中国古代の思想であることに異論をさしはさむ余地はない。もっとも、春秋・戦国時代といっても、その時代区分は歴史家によってまちまちであるが、ここでは、春秋時代が西周《せいしゅう》の滅亡後五〇年を経た紀元前七二二年からとされ、戦国時代が紀元前四八二年以後、紀元前二二〇年の秦《しん》の始皇帝の統一までとされる説に従っておこう。したがって、春秋・戦国時代とは、西周以後の東周前期から後期にわたる時期とされるわけである。

老子の思想を考える場合には、少なくとも、春秋・戦国時代のおよそ五〇〇年の歴史の中に、それをおいてみなければならない。よくいわれるように、中国の現代の流動している時期は別として、この先秦時代に、中国人らしいものの考え方、思想の原型はほとんど出つくしてしまい、以後の中国思想は、仏教思想などとの交流によってさまざまな変容・展開があったけれども、結局はその思想の核となるものは、先秦諸思想に源流をもっていた。老子の思想は、そういう源流ないし原型のなかで、最も後世に影響を与えた一つであるから、その意味においても、老子思想解明のまえに春秋・戦国の時代相と思潮をつかんでおく必要があるであろう。

中国の歴史は古く、いつから始まったか、その上限は、こんにちでも明らかにされていない。伝説によると、三皇五帝の治めた時代があったとされるが、史実として確かめることはできない。また上古三代、つまり、夏《か》・殷《いん》・周の三王朝もあったことが伝えられているが、このうち、夏については歴史的に不明確である。殷代については、殷墟《いんきょ》（今の河南《ホーナン》省彰徳《チャントー》付近）の発掘によって、たくさんの亀甲《きっこう》や獣骨《じゅうこつ》にかかれた殷代の文字からして、そのような時代があったことは、だいたい確かめられている。それからして、およそ紀元前千数百年くらいまではさかのぼることができるけれども、まだだいぶ怪しいところがある。

『書経』などによると、周の武王が弟の周公旦《たん》の助けをかりて殷を滅ぼし、これに代わったのが紀元前一一二二年で、その後数代は周王朝の全盛時代となったとされているが、これも正確にはわからない。歴史的に信憑性《しんぴょう》がありとされるのは、周の平王（紀元前七七〇～紀元前七二三）のとき、周室が東遷してからのちのことである。

甲《こう》骨《こつ》文字　カメの腹部の甲やウシ・羊骨《ようこつ》を焼いて，祭祀《さいし》・気候・征伐など王の行なう政治その他すべての重要な行事を占い，その結果を彫《ほ》りつけた文字。

さて、歴史的にみて殷・周時代は、氏族的共同体の成立したころだといわれている。この共同体においては、同姓の一族が、卿《けい》・大夫《たいふ》・士《し》といわれる支配

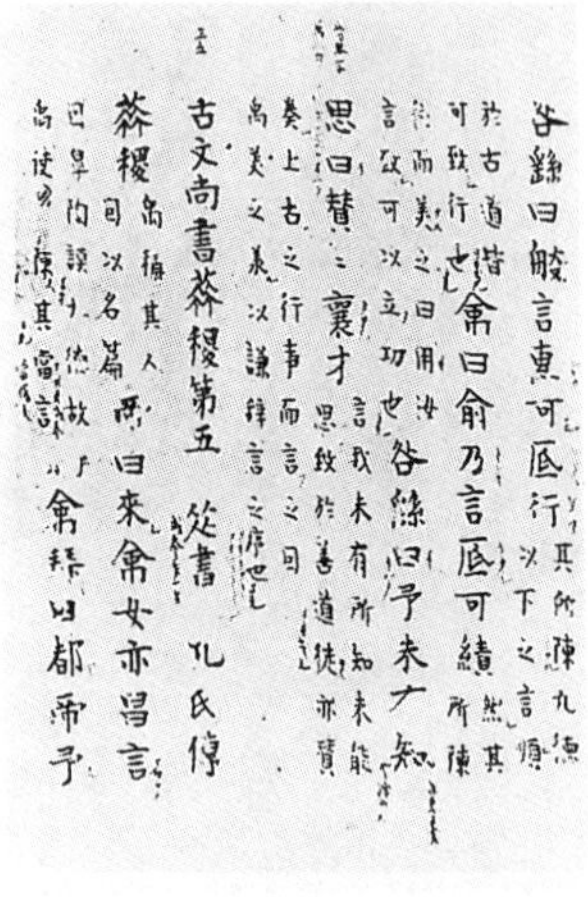

『書経』　図は南北朝時代の写本で『古文尚書』ともいう。

階級を構成していて、本家を中心としていくつかに分家していた。彼らは、城壁に囲まれた地域の周辺にある土地やそこに働く農民を私有し、官職について共同体を支配していた。この共同体は邑制《ゆうせい》国家または都市国家（ギリシアのポリスとはちがう）と呼ばれ、まだ互いに国境を接するほどでなく点在していたといわれる。そして、殷から周にくだるにしたがって、これら共同体の内と外には、いわゆる封建制が整い、周室封建制と名づけられる社会的・政治的制度が確立していったのである。

周代を封建制度の面からみると、王すなわち天子を中心として、その下に諸侯があり、天子や諸侯の下にはそれぞれ士人があって、彼らはそれぞれ先にも述べたように治者階級として土地人民を私有していた。天子は直轄地《ちょっかつち》をもち、これを王畿《おうき》といい、諸侯が封ぜられた領土を国といい、士人つまり卿《けい》・大夫《たいふ》・上士・中士・下士と五階級に分かれた支配層もまた采地《さいち》あるいは采邑《さいゆう》といわれる所領をもっていた。そして、これら支配階層の間にも、それぞれ上級者に対する忠誠心と義務があって、固い紐帯《じゅうたい》をつくっているのがたてまえであった。

ところで、先にも述べたように、ここでの共同体は、同姓の氏族があくまでも支配者であり、直接生産にたずさわる者は一般庶民とその下の被征服民族を含めた奴婢《ぬひ》・賤民《せんみん》であった。夏《か》・殷《いん》のころまでは姓によって統一されていた集団がしだいにわかれて氏の発達をみるのであるが、これは士大夫階級ばかりでなく、周末封建制度の崩壊に至る時期には、一般庶人も士大夫にならって姓氏の集団を形成していた。士大夫階級としての同姓の氏族は共同体の支配を貫徹しながら、氏族としてまとまっていくために結合のきづなとしての宗法によっていた。

天帝と天子

中国人は古代から、一般に宗教心に乏しかったといわれるが、殷代のころまでは、まだ祭政一致の原則が貫かれ、迷信的なタブー・マナ的信仰によりどころを求めていた。さらに氏族的共同体結合のきづなとしての宗法の中には、氏族の本家・分家の関係に応じて、祖先を祭ることや、服喪、相互扶助などの規定があった。また、礼は、王・侯・卿・大夫・士・庶という上下の秩序や階級的な地位保全のための生活規制としての意義をもつものとして定められていた。

ところで、共同体支配の原則としての祭政一致における祭りやタブー・マナ的信仰の対象となっていたのが、至上神としての〝天帝〟という観念である。この天帝は、別に〝上帝〟ともいわれ、殷代における祖先神的な性格や守護神的性格をもっていた。

天帝は、天候、農作物の豊凶、戦争の勝敗、官職の任免など、自然的・人間的世界のいっさいを支配するものとされていた。したがって、この時代における氏族集団は、すべてこのようなタブー・マナ的信仰や卜筮《ぼくぜい》の精神的中枢に位置する天帝の意志のままに行動した。その意味では、天地万物のもととしての精霊ともいえる自然神的性格をもったこの天帝なるものは、まさに神秘的な絶対の力をもっていたのである。

ところが、殷《いん》代から周代に移るにしたがって、いわば、かつては部族国家的形態を有していたにすぎなかったであろう氏族的共同体がしだいに発達してその共同体的規制力を強め、統一力を増大させると、部族ないし氏族的連合国家が形成されるに至った。いくたびかの離合集散が重ねられ、大は小を併呑《へいどん》し、殷初の三〇〇〇に余る国々が周初には一〇〇〇余、春秋には一〇〇余国となったのである。

周室はまさにこのようにしてできあがった。強大な国家権力をもち、実質的な封建制のもとに樹立された統一的国家であった。ここでの封建制は、したがって、その歴史的経過からして、当然、先に述べたように、周室を本家とし、その長を天子とし、各地に分家としての侯（諸侯）をおいた支配体制として形成されたものである。

ところで、単に分権的な氏族的共同体が統一され、周室を中心とする支配体制を維持していくためには、従来のように天命のままにただ人間がすなおに従っていればよいとしているわけにはいかなくなった。殷代の支配権を周がとる、つまり殷・周革命を理想的に推進するためには、周王朝成立の正統性を主張し、殷・周革命を是認しなければならない。このような時代的要請は、ついに殷代にあらわれた天帝の性格に変化をもたらした。つまり、周代になると、国家権力の正当性や周公の正しさを絶対化することが必要になったのである。かつては、亀の甲や獣骨を焼いてそのひびのはいり方で、人事の吉凶、作物の豊凶、戦争の勝敗、天侯などを占い、また天命を与えられた絶対善意志的主宰者《しゅさい》の声とし、それを支配権力としてきたが、いまや、そのような支配権力を、人間の道徳行為、ないし徳そのものと結びつけるようになったのである。

すなわち、天は周王の徳を認め、これをよしとして、統治権を与えたのだとし、周王を先の共同体支配の頂点に位置づけることによって、タブー・マナ的信仰の対象となっていた至上神としての天帝を人格化してしまったわけである。このことは、天帝の命、つまり天命は、殷代にあっては地上の人間行為のいかんにかかわらず、絶対的にすでに与えられたものとして受け入れられてきたが、周代になると、地上における人間、わけても周王朝の統治者の政治的行為が、よく徳にかなっていて、民を治めるにふさわしいから、天帝の地上統治に代わって、つまり、天が王に命じて治めさせるのだということを意味する。

天帝の命令が天命であり、天帝（天）の代行者（子）だから天子だというのである。『書経』の召誥《しょうこう》の篇には、

「……王よ、すみやかに徳をあつくせよ。王よ、その徳をもってよく民を治め、天の永命を受けるようにせよ……」

「……ああ、皇天上帝、その元子《げんし》と、この大国の殷の命とを改む。これ王命を受く。かぎりなくこれよく、またかぎりなくこれ憂う。ああ、なんぞそれいかんぞ敬《つつし》まざらん。天すでに大邦殷の命をとおざけたり。……ああ、天もまた四方の民を哀れみ、それかえりみ命じてもってつとめしむ。王それ疾《と》く徳を敬《つつし》め。」

とある。前の文は、民に主たる者は、まず何よりも徳を身につけ、天が長く自分に統治の命を与えられるようにせよ、といって、単に天帝の代行者としての支配権の確立を述べているのでなく、徳行につとめるべきことを説いている。また、後者は、殷の王が天命を受けて統治するときは終わった。これからは、周王よ、あなたが天に代わって治めるのだ、だから徳をつつしみ、天が四方の民を哀れむが如《ごと》くに統治せよ、というのである。このように、天は絶対善意志をもって正邪善悪をわかち、人間の徳行にもとづく正義の実現にくみするという人間的な意志をもった性格をおびるようになった。

百花斉放・百家争鳴

ところで、周は三七代八六七年も続いたといわれるが、歴史事実としては、その前半の数百年は、まだ伝説的時代で明らかにされていない。前にも述べたように、西周が滅亡し、東周が興ってから後はかなり明確にすることができるが、しかし、周室封建制はそのころからむしろ衰えをみせはじめ、封建諸侯は周王朝の弱体化に伴って、互いにその力をきそい、国を富まし兵を強くして、領域拡張に狂奔《きょうほん》するようになる。これがいわゆる春秋戦国の乱世である。では、どのようにして、このような社会状態を招来したのであろうか。そのことから述べてみよう。

共同体の分解変質と富国強兵

いったい、殷周時代の氏族的共同体を根幹とする邑制《ゆうせい》国家にあっては、農業生産力はきわめて低いものであった。ところが、春秋の半ばごろ、斉《せい》の桓公《かんこう》は宰相管仲《かんちゅう》のすすめによって富国政策の一環として製塩業や製鉄業を始めた。このころから、従来の青銅器時代から鉄器時代への移行がうらづけられている。そもそも、殷・周時代では、青銅器は祭祀《さいし》用の器や兵器などの一部に使用されていただけであって、そのころの農業は木製の農具や石器によっていた。また農耕も、耦耕《ぐうこう》といって、ふたりで力を合わせて一つの鋤《すき》を動かしていたが、鉄製農具の発達とあいまって春秋時代末からは牛耕も行なわれるようになった。

黄河の流域は、従来、黄土地帯といわれるように、土地は乾燥し、木石器によっては深く耕せなかった。したがって、作物の生育は悪く、生産力はきわめて低かったが、いまや鉄製農具の出現によって、深耕ができるようになり、作物の生育も実りもよくなり、さらに開墾《かいこん》も進んで農業生産力は飛躍的に増大した。

しかしこれは、農民自身の生産意欲が向上したのではなく、前にも述べたように、当時の王侯たちの富国強兵策のもと、激しい競争によって推進されたのであって、同じく、このころ盛んに行なわれた大規模な灌漑《かんがい》工事などもその線にそった政策ではあるが、これまた生産力増強に大いに役だった。こうして、農業生産力が高まってくると、農民の生活にもいくらかゆとりがでてきた。そこで、今までのような氏族的共同体の束縛からはなれ、独立して自分の家族だけで生活していこうとするものが出てきた。王侯たちは、こういう農民を独立させ、土地や農具を与えて耕作させ、また租税源をふやすために分家も奨励した。中国における〝家〟はこのようにしてしだいに形成されていった。共同体はしだいに分解変質していく。しかもこの過程で、一方においては、時勢にうまく便乗し、財をたくわえて豪族となるものがあれば、他方、この生産力の発展に乗れなかったものもあった。共同体の劣敗者は、結局、豪族や有力者のもとに隷属《れいぞく》する奴隷となり、ここにいわゆる家父長的家内奴隷制ができあがった。

このような農業生産力の飛躍的増大と、共同体の分解変質をもたらしたものは、勃興《ぼっこう》する商工業者であったことはいうまでもない。『史記』や『漢書』の貨殖《かしょく》伝によると、春秋末に越王勾践《えつおうこうせん》の臣《しん》であった范蠡《はんれい》が牧畜や通商によって巨大な産をなしたとか、孔子の門弟の子貢《しこう》が貨殖の道に長じていたというような話が出ている。さらに戦国時代にはいると、製鉄業や製塩業をおこし、また穀物や絹帛《けんぱく》の買い占めをやって巨万の富をかさね、王侯と生活を等しくしたものもあった。なかには外辺の夷狄《いてき》（異民族）と通商貿易をやり、富を集めたものもいたという。「貧から富を得るには、農は工にしかず、工は商にしかず……」と、当時いわれていたことからしても、商工業の発達がかなりの程度に至っていたことが知られるであろう。

このような社会の大変動を国家形態のうえからみると、いわゆる周室の徳が堕落し、したがって、その封建制はゆるみ、郡県制の成立となる。富国強兵のための諸侯の土地争奪戦、弱肉強食による弱小国の併呑《へいどん》・侵略などによって、それまでの国が邑制《ゆうせい》（都市）国家であったのに対して、さらに広い領域国家へと移行していくのである。

春秋時代の初めには大小一四〇ほどの国々ができていたが、諸国の富国強兵策にささえられた併合・侵略によって、戦国時代には七国（秦《しん》・魏《ぎ》・趙《ちょう》・斉《せい》・韓《かん》・楚《そ》・燕《えん》）になってしまい、郡県制ができあがる。しかも、商工業の発達にともない、これらの諸国には、膨大《ぼうだい》な人口をもった大都市が形成された。斉の臨淄《りんし》（山東《シャントン》省）、趙の邯鄲《かんたん》（河北《ホーペイ》省）、魏の大梁《たいりょう》（河南《ホーナン》省開封《カイホン》）、韓の陽翟《ようてき》（河南省禹《ユイ》県）などは、きわめて繁昌した首都であった。

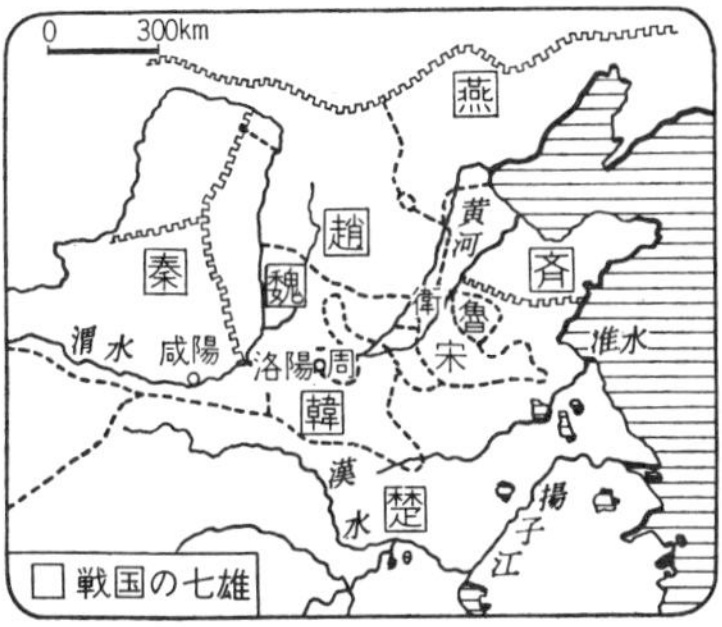

戦国時代の中国

ところで、周室を宗とする封建諸侯が、本家の支配力の弛緩《しかん》にともない、従来の封鎖的な共同体のワクからぬけ出し、君主権の拡張と国力の増大につとめたのが春秋から戦国にかけて現われた時代相であったが、こういうときには、諸侯は、自国の発展強化のために策士や術数家や有能な政治家を求めたがるものである。この、いわば社会的要請によって出てきたのが支配階級でもなく、生産階級でもない、両者の中間に位置するところの読書人階層であった。

合縦連衡《がっしょうれんこう》

彼らは、従来の血縁的紐帯《じゅうたい》や支配権力にしばられず、自由に諸国を巡《めぐ》り歩き、いわゆる合縦連衡をほしいままにした。彼らのなかには、口先だけで天下を動かそうとするものがあったり、また、自分の学問的見識を政治のうえで理想的にいかそうと試みるものもあった。このような行動の自由や、君臣関係の束縛のないところには、言論思想の自由がうまれる。つまり、春秋・戦国時代の活発な思想の展開は、いままでの封鎖的な固定した身分社会がゆれ動き、人々の新しい対策や新しい考え方を求めているときに応じたものである。春秋末期から戦国にかけてわずか三〇〇年の間に、孔子を初めとする多くの独創的思想家が現われた。これがいわゆる諸子百家である。孔子・孟子・荀子《じゅんし》などの儒家、墨子《ぼくし》の墨家、老子・荘子の名にかかる道家、管《かん》仲《ちゅう》・韓非《かんぴ》などの法家、農家、陰陽家、雑家、縦横家などは、すべてこの時代に出た。まさに百花斉放《せいほう》、百家争鳴《そうめい》の観を呈した。

Ⅲ 老子の思想

哲学の意義

子遷ののこしたことば

すでに明らかにしたように、司馬遷《しばせん》の父、太史談《たん》は、六家（陰陽家・儒家・墨《ぼく》家・刑名《けいめい》家・法家・道徳家）の思想的要旨をあげたなかで、道家について、「道家は人をして精神を専一にし、その行為はつねに無形の道に合《かな》い、もって万物をして各々《おのおの》その所を得しめる。その処世の術は、陰陽交替の大いなる循環法則にしたがい、儒家・墨家の善とするところを受け入れ、名家の要点をとり、時とともに遷移して物の変化に応じ、美俗をたてて民生の安定に治効をあげる。その思想と処世の実践とは宜《よろ》しからざるところなしというべきである。道家のいうところ、その主旨は簡約にして要をとりやすく、事あげ少なくして実功は大である。」と述べたとされている（『史記』巻百三十・太史公自序）。

また、司馬遷自身も、やはりすでにあげたように、「老子韓非《かんぴ》列伝」において、「李耳《りじ》（老子のこと）は無為にしておのずから化し、清浄にしてみずから正し。」といい、老子は無為――あえてことをなさず――を主意として物のおのずからそうなるにまかせ、清らかなまじりけのない心で自らを正そうとした人だと評している。さらにこの「老子韓非列伝」の末尾では、老子・荘子・申不害《しんふがい》・韓非の四子を合評して次のようにいっている。

「太史公（司馬遷自身のこと）いう。老子がとうとぶところの道は、虚無因応《きょむいんおう》、つまり物があるについて、そのありかたに手を加え、何らかの意志的な力によって物を変えていくようなそういうものでなく、からっぽであり無であるが、それでいて、物のおのずからそうなるところ、変化するところにすなおにしたがってそれぞれなりに落ちつきを得させる――そういうものだ。

だから、その思想を書にあらわすと、その言辞《げんじ》はよく物のあるありかたにかなった表現がなされ、それ故《ゆえ》にまたきわめて微妙で、その意に通じがたいところもある。荘子は道徳の問題を、あれこれの場におしひろげ、一見すると放言をしているかのようだが、帰するところは老子と同じく、およそ物のおのずからそう成る〜そう在るありかたにすなおにしたがうことを道としている。申不害《しんふがい》は卑賤《ひせん》の生まれで、その説くところもひくく、名をもって実を責め、実の名と一致しないことを厳しく処罰して仮借《かしゃく》（ゆるすこと）しなかった。韓非子《かんぴし》は法制を立てて事のありさまを厳しく追及し、その是非を明らかにした。ゆきつくところは、法を用いることがあまりに性急で、人間らしい思いやりが少なかった。これら三子はみな老子の道徳論にもとづきながら、自説を主張したが、要するに老子の深遠さには及ばない。」

以上からしてわかるように、太史談は道家の思想一般をその祖としての老子の思想をも含んで論評しているが、子遷はきわめて端的に老子の思想を要約し、虚無因応、無為としている。しかし、注意すべきは、この虚無因応ないし無為ということは、一方では老子の〝道〟の思想的内容を表わしているとともに、他方では、その〝道〟をおさめた人の現実具体の行為ないし態度をも表わしていることである。つまり、道とそれを自得ないし体得した人の徳とが、虚無因応、無為ということばによって表わされているといってよいであろう。

しかし、老子の思想は、司馬遷が端的に要約したことばのうちにすべて含まれているといっても、『老子』八十一章全体の論理構造は、人の生きる具体に即してかなり複雑な内容をもっており、またその表現は、司馬遷自身もいったようにきわめて微妙である。以下に、このユニークで豊かな思想内容をもった『老子』書を、できるだけわかりやすく解説してみよう。

哲学の意義

ところでよくいわれてきたことであるが、中国には、いわゆる〝哲学〟という名に価する学問はなかった——という見方は、〝哲学〟というものをどう考え、どう規定するかによって前の立言を肯定もできるし、否定もできる。西洋近代、わけてもすぐれて体系的な構成によって展開されたドイツ哲学のような立場からすれば、そのような意味での首尾一貫した哲学体系は中国にはなかったかもしれない。しかし、最近の大学紛争で教師が学生集団から、専門バカとか職人的知識人とか評され、自己の主体的学問姿勢について酷評《こくひょう》・罵倒《ばとう》されるに至ったのは、いつにかかって、従来の哲学や倫理学の研究に従う者が、つねに「カントはこう言った」「ヘーゲルの説はこうである」というような、〝彼いわく〟式学問ないし知識の切り売りをしているに過ぎず、自らが思索《しさく》し、自らの論理を学生の前に披瀝《ひれき》していなかった点にある。なるほど、文化遺産としての人類の思索と実践の書は尊重さるべきであろうが、それをもって能事終われりとし、自らを労して思索しない学者・研究者は、物知りではあっても哲学や倫理学に関する学者・研究者とはいい得ないであろう。

このように考えてくると、〃哲学〃はつねに知識の体系そのものであるよりも、人間存在にかかわる諸方面の論理的思索を中心に吐露《とろ》されてできあがるべき性質のものである。それが体系的であるかないかは、結果的に比較検討されればよいことであって、ある個人の真摯《しんし》な反省的思索と実践にかかわる書こそが、価値ある〃哲学書〃というべきであろう。

中国に哲学なる学問がなかったという批評は、中国の思想史を知らない者か、西洋の体系的哲学思想を規準にしてそれにあてはまるか否かをもって発言している者の見方である。さらに、プラトンやアリストテレスがいったように哲学は驚きから始まるとすれば、そのような驚きは古代中国人にもあった。ちょうどギリシア人にとって彼らの住む自然世界が驚きと不思議の対象であったように。彼らの自然哲学が共通に志向したのは、自然を説明する原理の探求であった。最も直接的なもの、目の前にあるもの、すぐ捉《とら》えられるものとしての自然が最初に彼らの探求心を刺激したのである。ソクラテス以前のギリシア哲学が自然存在ないし自然現象の本質・根拠・原因・原理（始元）を探ろうとし、それの一定の成果が見いだされるに及んで、今度は、驚きの方向が「人間」自身の内面に向けられた。このようにしてギリシア哲学の第二期は、人間主体の哲学、人間学の時代となり、ソフィストからソクラテス・プラトン・アリストテレスへと開花していくのである。

中国古代人における思想の原始もやはり自然の日月星辰《せいしん》、天地に向けられ、そこに現象の構成要素として

昭陵にある孔穎達の墓碑

剛柔《ごうじゅう》や陰陽の気が見いだされ、さらに万有の主宰者としての天～天帝の観念が、政治の原理にまで発展した。つねに中国思想史展開の核になったとさえいえる易《えき》思想にしても、唐初に『五経正義』を編集した孔穎達《くえいだつ》はその作製の態度を、①およそ易は象なり、物象《もののかたち》をもって人事を明らむるは詩の比喩《ひゆ》のごとし。②あるいは天地陰陽の象にとって、もって義を明らむる者……③あるいは万物雑象にとって、もって義を明らむる者……④あるいはただちに人事をもって物象にとらず、もって義を明らむる者……と述べている。ギリシアにおけるように、自然哲学と人間学は明瞭《めいりょう》に区別できず、むしろ自然と人間存在を統一的に把握しようとする姿勢のうちにこそ中国的思惟《しい》の特質をみることができる。

さらに哲学の課題をいかに認識、存在、神、実践などとあげようとも、最も基底となるものは、形而上的なるものと形而下的なるものとの論理的区別と両者の関連にあるということができよう。この意味でも、中国の思想はきわめて徹底した思索を遂げてきている。ここでとりあげる『老子』にしても、前述のような論理の構成は、首尾も体系も決して一貫して組み立てられてはいないが、しかし、後世のわれわれが十分にそれらを自己のうちにおいて再構成できるものをもっているのである。

道について

道と徳

『老子』書は別名『老子道徳経』ともいわれてきたように、道と徳の書である。一般に西洋語のモラルやモラールが道徳と訳され、道徳はモラル、モラルは道徳とかんたんに置き換えられている。しかし、両者は語源的にも、歴史的にもその意味するところはいささか異なっている。モラルの語源は、ラテン語のモースやその複数のモーレスである。モースは意志・習慣・作法・習俗を、モーレスは人間の行為や性格を意味している。倫理（エシックス）の語源がエトスやエートスで、やはり住みなれた場所とか風俗・習慣を意味しているのと同じである。

ところが、道徳の道は、ごくふつうの人間が歩く道路の意味から転化して、理、通ずる、由《よ》る、言う、治《おさ》める、術などの意味に使われ、哲学的には、たとえば、『易《えき》』の繋辞伝《けいじでん》に「一陰一陽《いちいんいちよう》これを道と謂《い》う。これを継《つ》ぐものは善なり。これを成すものは性なり。」とあるように、およそ存在するものの存在のしかた（理法・型）を意味し、とくに人間世界に用いられると、人のともに由り順《したが》うところとしての人道、およそ人間の存在する存在のしかた（理法・道理）を意味するようになる。だから、人間の理想的なありかたや生きかたは、およそ存在するもの（人間を含めた）のありかたにすなおに順い、そのありかた（道）をよく身に体得すること

孔子像

とによって可能であるといえる。

〝徳〟というのはまさにこのことで、人間のあるべきありかたとしての道〜人道を身に得ることによって、日常具体の生活にその道〜人道を実践を通して証示していく、その行為なり態度なりをいったものである。だから、理想的な徳、すなわち完徳は、道そのものを日常具体の場に完全に実現することであり、いかなる時・所における行為もつねに〝道〟にかなっていることを与件としている。孔子が「七〇にして心の欲する所に従って矩《のり》を踰《こ》えず」といったのは、まさにこの心境を表明したものである。自分がこうしたい、ああしたいと欲求し、その通りに行為して、しかも、矩、つまり、人間行為の規範としての、または人がともに由り従うところの〝道〟をふみはずさない、というのである。はたして、これが孔子の日常生活そのものをいったのか、あるいは、人間七〇歳にもなれば、こういう状態や心境に到達したいものだとの理想〜願いを表明したものか、さだかにはわかりかねるが、とにかく、これこそ道の完得者であり、道即徳、徳即道の実践者であるということができるであろう。

それでは『老子』書には、今述べたような〝道〟や〝徳〟がどのようなものとして示されているか、またそれはどのようにして身につけることができるか、さらに道徳の体現者は日常具体の生活や政治の場でどのようにふるまうのか、……これらを明らかにしてみよう。

われわれのふつう歩く道路は、目に見えるし、名もつけられている。しかし、老子の道は、「道は隠れて名なし」(四十一章)、「道の常は名なし」(三十二章)、「吾《われ》その名を知らず、これに字《あざな》して道という」(二十五章)といっているように、本来きまった名がない。しいてあざなをつけて道とでもいっておこう、というのである。およそ現に存在するもので名がないものはひとつとしてあり得ないのだから、道はわれわれの目に見えたり手に触れたりすることができないものである。

視《み》れども見えず

そこで老子は十四章において、次のようにいう。

「これを視《み》れども見えず、名づけて夷《い》という。
これを聴《き》けども聞こえず、名づけて希《き》という。
これを搏《にぎ》れども得ず、名づけて微《び》という。
この三者は致詰《ちきつ》すべからず。故《ゆえ》に混じて一となす。」

夷は、平、斉等の意で、ものは色や形に差別があるから見えるが、もしも、まったく差異がなければものをものとして見ることができない。希は遠いという意味、いよいよ遠くいよいよ静かであればこれを聴こうとしても聞こえない。微は小の意、限りなく小さいものは実形がないのと同じくらいかすかだから、これをつかみ取ろうとしてもつかみ取ることができない。視ることもできない、聴くこともできない、搏ることもできない、そんなものは、色や形をはっきりつき究《きわ》めてこれだとすることができない。だからひっくるめて「一」といっておこう、これが前記の主旨である。

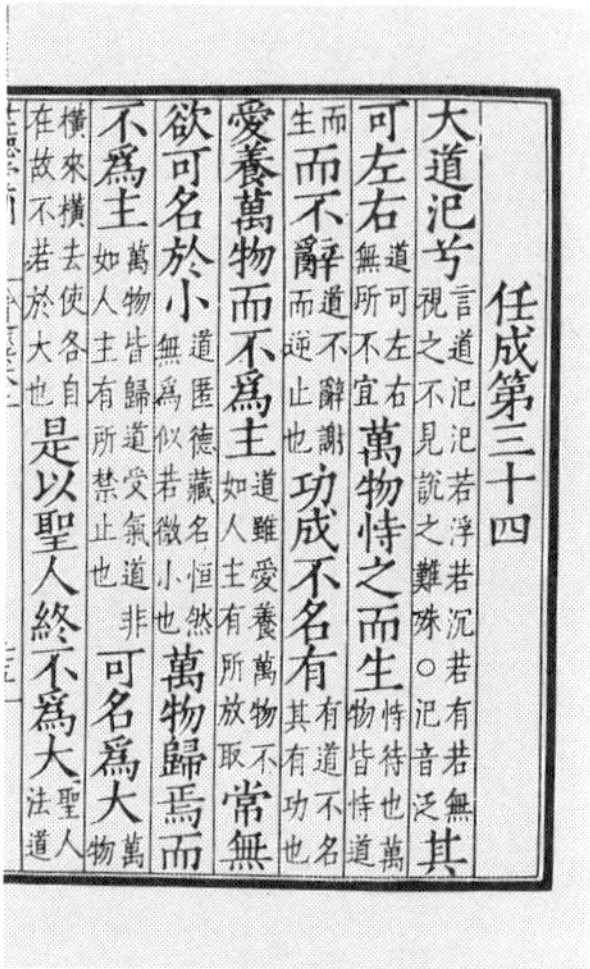
任成第三十四
大道氾兮言道氾氾若浮若沈若有若無視之不見説之難殊○氾音泛其
可左右道可左右無所不宜萬物恃之而生恃待也萬物皆恃道
而生而不辭道不辭謝而逆止也功成不名有有道不名其有功也
愛養萬物而不爲主道雖愛養萬物不如人主有所放取常無
欲可名於小道匿德藏名恒然無爲似若微小也萬物歸焉而
不爲主萬物皆歸道受氣道非如人主有所禁止也可名爲大萬物
横來横去使各自在故不若於大也是以聖人終不爲大聖人法道

河上公注『老子道徳経』
第三十四章

それどころではない。
「その上皦《あきら》かならず、その下昧《くら》からず、縄縄《じょうじょう》として名づくべからず、無物に復帰す、これを無状の状、無物の象という。これを惚恍《こっこう》という。」
色や形のあるものは、上方高きにあれば明らかにこれを見ることができる。下方低きにあれば暗くてこれを見ることができない。ところが道はいろいろの形をもっていないから、限りなく高く上方にあるからといって明るくもない。また限りなく深く下方にあるからといって暗いこともない。限りなく多様で尽きることがないから、これといって名づけることができない。つまりは、物でないということになる。道はだから姿なき姿、物でないかたちという。あるいはこれをうすぼんやりとしてはっきりさせることのできないもの、という。

ところで、道が今まで述べたような性格、つまり、夷《い》・希《き》・微《び》であり、無状の状、無物の象であるというならば、そのようなものがいったいわれわれの住んでいる自然や人間社会とどんな関係があるというのだろうか。三十四章をみると、次のように述べている。

「大道は氾《はん》としてそれ左右すべし。万物これを恃《たの》みてもって生じて辞せず、功成りて有せず、万物を衣養して主とならず。故に常無欲、小と名づくべし。万物これに帰して主を知らず、名づけて大となすべし。その終《つい》に自《みずか》ら大となさざるをもって、故によくその大をなす。」

道は本来、河川が氾濫《はんらん》してあらゆるものをのみ尽くすように、行くとして至らざるところなく、時と所を超《こ》えてあまねくひろがっている。万物はみな道をたのみにして生じていながら、しかもそうだとはいわない。道の功は十分に成りながら、それをわがものとしない。万物を養い育てているのだが、いっこう自らがその主人公だとしない。だから道はまったくの無欲（常無欲）で、しかも万物をしておのおのその所を得しめている。それはあたかも道のはたらきが物に施されていないかのようだから、まことにささい（小）であり微妙だともいえる。万物はみな道に帰り着き、それによって生じていながら、しかも自らの主を知らない。道はつとめて万物の由るところを知らしめないから、かえって、またそのはたらきは限りなく大ともいえる。自らは決してその功を大としないから、かえってよく大きなはたらきをなすことができる。

道はどこにでもあり、どこにおいてもはたらき、あらゆるものを養い育てながらしかもそれを自分の功としない。道が自らの功をわがものとしないから、万物は自らが自らの力で生じ育っているようである。だから、そのはたらきは小といえば小、大といえば大といえる。しかし、その小は限りなく小であり、その大は限りなく大であって、つまりは形状をもってたとえることができないものである。

ゆえに四章には次のように道を説いている。

道と自然

「道は盅《うつろ》にしてこれを用いて或《つね》に盈《み》たず、淵《えん》として万物の宗《おおもと》に似たり。その鋭を挫《くじ》き、その紛を解き、その光を和《やわら》げ、その塵《ちり》に同《どう》ず。湛《たん》として或《あるい》は存するに似たり。吾《われ》は誰の子なるを知らず。帝の先に象《に》たり。」

道が形状なきものである以上、それはまた空虚な器《うつわ》のようなもの、しかも器でない器だから、いくらこれを満たそうとしても満たしきれない。道は限りなく深くして、あらゆる物をすべて包み込むことができるから、万物がそこへ帰って行き、そこから出てくる宗といえる。物を傷つけるとげとげしさ（鋭）をくじき、紛乱を解きほぐし、荒々しい光をやわらげ、塵《ちり》とひとつになる。道はまさに「湛として或は存するに似たり」である。湛とは『説文《せつもん》』によると没で、没は無の意。道はないようであり、あるようでない。だから道はいったいだれの子であるのかわからない。おそらく天帝（あらゆるものの主宰者）の祖のようなものだろう、と老子はいうのである。

以上は主として道の働きに注目して『老子』を述べた。万物は道に由《よ》って生じ育ち、功を成しているが、道はそれをわがものとし、わが功としない。万物がすべてそれに帰一する宗でありながら、限りなく大きく限りなく深くて満たしきれない。道はまったくの無欲でしかも万物をして各々《おのおの》その所を得しめる。このような道の働きを、老子は「道は常に為《な》すなくして為さざるなし――道常無為、而無不為」（三十七章）という。『老子』に注を施した王弼《おうひつ》は、「無為」とは「自然に順《したが》うなり」と解している。ここでの自然とは〈おのずからしかる〉という意味で、いわゆる自然現象などというときの自然ではなく、また英語の nature やドイツ語の Natur（ナトゥール）でもない。

自然――おのずからしかる――とは、およそ存在するもの・ことがおのずから生じ、おのずから変化し、おのずから発展し、おのずから消滅していくことである。だから「自然に順う」とは、もの・ことのおのずからそう成るところ〜そう在るところにすなおに従う、すなおにまかせるという意味である。

つまり、道の常なる本来の姿は、ものの自然にまかせて作為しない（無為）ということである。現に存在するもの・ことはすべて何らかの作為（手を加える）によっている。しかし、道はむしろ現象の個別存在のおのずからなる働きにしたがい、まかせきっている。すなわち、不作為なるがゆえにかえってすべてを働かしめ、すべてを在《あ》らしめ、おのおのその所を得て落ち着きを与えている。何もしない（無為〜不作為）ということにおいて、実はかえってその全体を結果的に為《な》し尽くしているのである。

次に、先の四章で、道は「淵《えん》として万物の宗《おおもと》に似たり」とあったが、道と万物との論理的関係について、さらに『老子』のいうところを検討してみよう。二十五章には次のようにある。この章は、老子思想における〝道〟と〝自然〟の意味内容およびその関係をきわめて整然たる論理によって示している注目すべき章である。

「物あり混成す。天地に先だちて生ず。寂《じゃく》たり寥《りょう》たり、独立して改まらず、周行して殆《あやう》からず、もって天下の母《もと》というべし。吾《われ》はその名を知らず、これに字《あざな》し

洛陽の東方，偃《えん》師《し》にある王弼《おうひつ》の墓

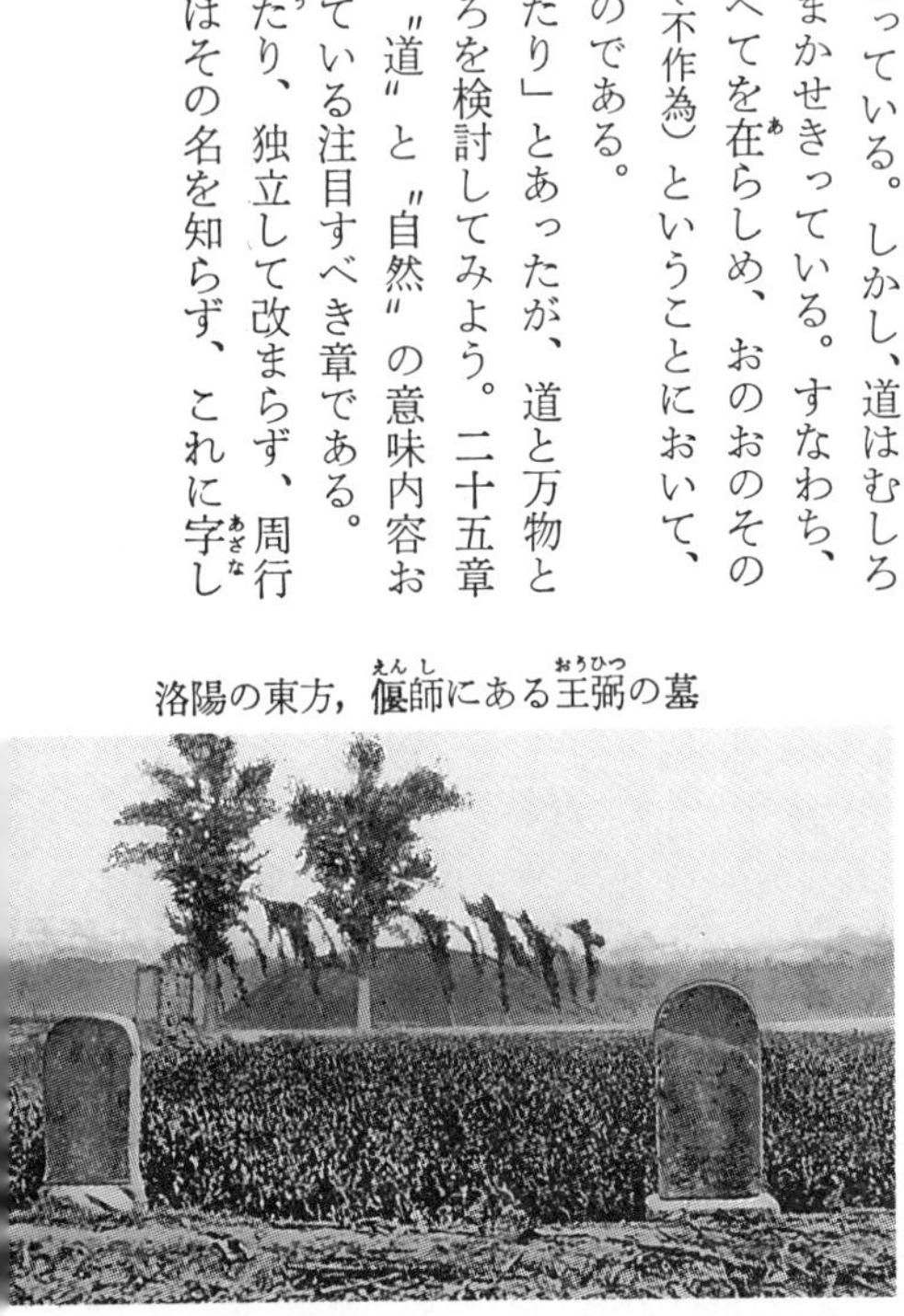

て道という。強《し》いてこれが名をなして大という。」

「物あり混成す」とは、このものあのものと区別ができず、混然としてすべてをひとつにしたものがある、という意味。このものあのものと区別ができれば、それは個物であるから、必ず形状色彩がある。限定されている。しかし、まだそのような形ある個物とはなっていない、すべてのものをひとつにしたもの――それはものであっても物ではない。しかるに、天地というのはすでに形状をもった物であるから、区別ができる。だから、このものあのものと区別ができないようなものは、天地にすら先だってあるといえる。

混成して区別なきもの、それはものであってものでない、形なき形、無状の状である。だから寂寥《せきりょう》として声もなく形もない。形体がないのだから、あれこれと他のものと匹敵させることができない。たぐいするものがないのだからそのようなものは独立した存在である。「改まらず」とは、改は変で、変わらないこと。形状があればそれは時間・空間のうちにあって必ず変化する。形体なきものは終始変わりようがない。ゆえに「改まらず」という。同じように形体あるものは時間・空間を限定し、また逆に限定されている。しかし、形状なきものは無限定であるから、行きつくところ、きわまるところがなく、あらゆる時と所を超えてあまねくゆきわたる。あまねくゆきわたれば、この物あの物に阻害《そがい》されることがなく、いつどこにでもある。「周行して殆《あやう》からず」とはこのことをいう。

天下の母《もと》

そこで重要なのは「もって天下の母となすべし」である。母はもとの意。無差別のもの無限定のもの、天地の生ずるに先だってあるもの——ということになると、天地すら物である限り、天地がそこから生ずるもと、あるいは、「万物の宗《おおもと》」といったように、万物がそれに由って、そこから生ずるもとである。

そもそも名は定形あるものにつけられる。しかし、〝道〟のように渾然《こんぜん》として無差別、あらゆるものをひとつにして形なきもの、そのようなものはこれといって形状を定めることができない。形を定めることができなければ名も定まらない。ゆえに「吾《われ》はその名を知らず、これに字《あざな》して道という」と。道という名をつければ、もうすでに老子のいいあらわしたいものでなくなってしまう。だから、道は、「万物の宗」「天下の母」のニックネームである。何ともいい表わしようのないものを、いってみれば道としたまでのこと。王弼《おうひつ》は、「それ名は形をもって定む。字はもって言うべきに称《かな》う。道は物として由《よ》らざるなきに取る。これ混成の中《うち》、言うべきの称の最大なり。」という。同じように、そのいいあらわしたいものを、しいて名づけて大という。なぜ大といったかというと、道という字がつけられる所以《ゆえん》のものを求めていくと、結局〝大〟ということばにかかる。ところが〝大〟という表現にかかる（あてはまる）ところがあれば、もうすでに区別が生ずる。大といえば小がある。そのように分かれるところがあれば、いいあらわしたいものの極（ぎりぎりのところ）をあらわし得ない。だから、しいて名づければ——大といえる、というのである。だからこの〝大〟はいわば無限定の大である。これが二十五章前半の解釈である。後半には次のようにある。

周易兼義卷第八
周易繫辭下第八
韓康伯注
八卦成列象在其中矣因而重之爻在其中矣

『周易』繫辞《けいじ》伝下

「大なれば逝《ゆ》く、逝けば遠し、遠ければ反《かえ》る。故《ゆえ》に道は大なり、天は大なり、地は大なり、王もまた大なり。域中《いきちゅう》に四大ありて、王はその一に居《い》る。人は地に法《のっと》り、地は天に法り、天は道に法り、道は自然に法る。」

逝《せい》は行く。道はあまねく行きわたって滞《とどこお》ることがないから、その行くこともまた遠い。遠は極で、道はあまねく行きわたって極まるところがなく、しかも行くということだけに偏《かたよ》らないから反《かえ》る。ゆえに道はもとより大、天も大、地も大、王もまた大である。

ところで、中国では古くから天地人と並び称された。『易』の「説卦《せっか》」には、「昔、聖人の易を作るや、将《まさ》にもって性命の理に順《したが》わんとす。ここをもって天の道を立つ、曰《いわ》く陰と陽と。地の道を立つ、曰く柔と剛と。人の道を立つ、曰く仁と義と。三才《さんさい》を兼ねてこれを両《ふた》つにす。……」とあって、天の道、地の道、人の道をあわせて掲げている。同じく「繫辞《けいじ》」には、「六爻《こう》の動くは、三極の道なり」とあって、これに注した韓康伯《かんこうはく》（東晋《しん》の簡文《かんぶん》帝三七一〜三七二ごろの人）は、「三極とは三才なり」と述べている。『易』は本来天と地にならう。「仰いでもって天文《てんもん》を観《み》、俯《ふ》してもって地理を察す」（「繫辞」）というように、天文・地理にならって六十四卦《か》を作った。しかし、『易』本来の使命は人事のよろしきに処することであるから、単に外界自然が問題なのではなく、天文・地理、すなわち現象の理（道）がまたただちに人道——人間存在の理に移されなければならない。それを天人地の合一とか、人、天地の中に位す、というのである。

　前記二十五章中、「王もまた大」とは、そもそも天地の働きを働きとするものは人であり、天地の理にあやかろうとするのも人であってみれば、天地は人を貴《とうと》きものとするのが本来の姿である。これは先の『易』の天人地合一思想からしても明らかである。そして王は人の主たる者であるから、これまた大といわずしてすでに大であって、道の大、天の大、地の大とたぐい（匹敵《ひってき》）するものである。

域中に四大あり

　「域中に四大あり……」が次に問題である。王弼《おうひつ》によって解釈すると、以下のようになる。四大はいうまでもなく道・天・地・王である。およそ物は「それは何々である」と称《とな》えられるから（名は実の賓《ひん》）、したがって名がある。形があり名称があれば、それは、大の極、小の極、広の極、高の極……というように無限定的ではない。同じように、〝道〟といえばすでに万物がそれに由《よ》り順《したが》うという意味を含む。由り順うところがあって然る後にこれを〝道〟というのだから、ここでの道は、やはり称中《しょうちゅう》（ことばに出して表現するもののうちで）の大である。しかしそれは、無称の大、つまり何ともいい表わしようのない〝大〟にはおとる。無称なれば名づけることができないから、これを〝域〟といったのである。その意味では、道・天・地・王はすべて無称のうちにある。ゆえに「域中に四大あり」といったのである。「域」とは、無限の空間・無限の時間、つまり宇宙である。

「人は地に法《のっと》り、地は天に法り、天は道に法り、道は自然に法る。」これまた、道について重要な説明をしている。法は法則である。人が大地の上にしっかりと足をおろし、地の理に違《たが》うところがなければその生を安全にすることができる。大地はまた天の働きに違《たが》わなければすべてのものを載《の》せる（全載《ぜんさい》）ことができる。天が道に法れば、天の働きである全覆《ぜんぷく》――すべてのものをおおう――を果たすことができる。同じように道が自然――おのずからしかるところ――に違わなければその本来の働きを全うすることができる。

自然に法るとはどういうことか。王弼《おうひつ》は次のようにいう。すなわち、四角なものにはその四角にすなおに順い、円《まる》いものにはその円にすなおに順う。つまり、もののおのずからしかるところに違わず、すなおに順う、それが自然に法るということである。自然は nature でない。nature は現象の個別存在の和であるから、形状ある物である。

しかし、ここでの自然、すなわちおのずからしかるということは、王弼によれば「無称の言」「窮極の辞」であって、経験的に認識できる対象（つまり物）について名づけたことばではなく、これ以上表現できない表現である。

以上述べたところで、とくに重要なことは、王弼が〝道〟について、「道と言《い》えば則《すなわ》ち由《よ》る所あり。由る所ありて然る後にこれを謂《い》いて道となす。然ればこの道は称中の大なり。無称の大に若《し》かざるなり。」といい、その無称なるものは名づけることができないからこれを〝域〟といったこと、さらに老子が「道は自然に法る」というとき、その自然《おのずからしかる》は「無称の言」「窮極の辞」であるとしたことである。これによってみれば〝道〟なる表現ではまだ十分に『老子』書の考えている「万物の宗《おおもと》」「天下の母《もと》」の意味内容を示すことができず、ついに、〝域〟とか〝自然〟が窮極の辞として用いられていることがわかるであろう。

そこで、〝道〟といえば、われわれはおよそ存在するものの根源を説明して尽くせると思いこんでいたことを反省してみる必要がある。〝道〟ということばはまだものの名であることを免れない。免れなければ有形を予想させる。だから、さらに表現のしかたと思索を深めなければならない。

道の道とすべきは常の道にあらず

そのために、われわれはここに初めて『老子』開巻第一章を十分に検討してみる必要がある。

「道の道とすべきは常道にあらず、名の名とすべきは常名にあらず、無名は天地の始、有名は万物の母。」

すでに老子の道を解説してきたところからしても明らかであるが、老子においてくり返し説かれている点は、〝道〟は本来ことばで表現できないものにつけた字《あざな》であること、しいて名づけて〝大〟といったこと、表現したい当体は、〝万物の宗〟〝天下の母〟であること、〝道〟は称中の大ではあるが、無称の大には及ばない、表現したいものは、おのずからしかる（自然）ことであって、王弼流にいえば、それは、「無称の言」、「窮極の辞」とされるべきもの――などである。これらの諸点からしてみれば、右第一章の冒頭の文は、おのずから明らかであるといえよう。つまり、これが道だと――いい、かつ名づけることができるような道は、自分が本当に表現したい道ではない。すでに述べたように、ことばに出して言《い》い、かつ名をつける

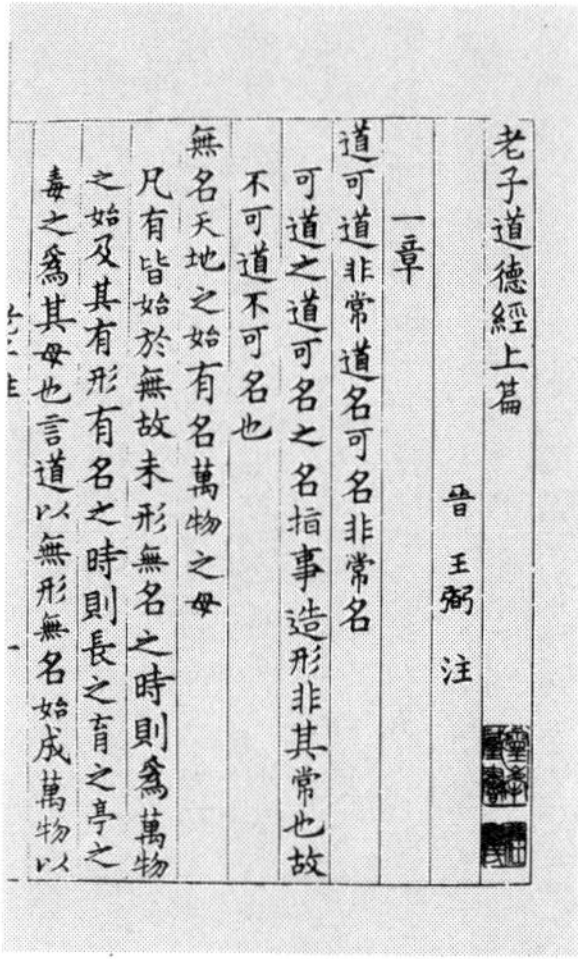
老子道德經上篇
晉　王弼　注
一章
道可道非常道名可名非常名
可道之道可名之名指事造形非其常也故
不可道不可名也
無名天地之始有名萬物之母
凡有皆始於無故未形無名之時則爲萬物
之始及其有形有名之時則長之育之亭之
毒之爲其母也言道以無形無名始成萬物以

王弼注『老子道徳経』第一章

ことができれば、もうすでにそれはもの・ことである。もの・ことは現実の差別相である。しかるに老子において表現したい当体は、そのような差別相ではなく、無差別の相である。"道"と言い、かつ名づける以前の"道"である。ゆえにこれが道だ——とすることができないのである。

同じような論理において、名があるということは個物であるゆえんを示す。したがって、すでに明らかなように、個物に付せられた名は、つねにその物に即しているのだから限定的である。しかし、考えてみると、物に名が付せられるということは、物が個別化されることである。したがって、物は名づけられることによって個物になる。名づけられるものがあれば名づけるものがある。名づけるものはあくまで名づけられるものではない。ものをものとするものはものであってはならない理と同様である。不断に名づけるものであってついに名づけられることがない。つまり、不断に無差別であって差別されたものにならない。そのようなものこそ、この物あの物に付せられた名でなく、名を名とするもの、つまり常名である。

さて、無名——名なしの状態とはいかなることであろうか。名があるということは、すでに述べたように、このもの・あのものと区別され、個別化された実存者についてである。ところが、無名はもの・ことの未分化である。分化以前である。分化と未分化とは時間の差異によるのかというとそうではない。もの・こと（分化）とそのもの・ことの原始である。それは時間的・空間的なはじめではなく、もの・ことの存在の基盤ともいえる。もの・ことが、それにおいてあるところの場所である。この意味において「無名は天地の始」という。ここに天地というのは、この語によって万物を容れ載《の》せる範囲を与えているのであって、範囲は何によって限定されるかというと、時間・空間である。時間と空間とは、事物の存在を限定し、非限定は無制約的である。無制約的であるということは、事物の個別化以前であることを意味する。限定されたものは制約されたものであるから、変化する。変化は時間・空間によって媒介《ばいかい》される。だから、そこには常はない。常は変化するものに付することができない。ゆえに二十五章で説かれている「物あり混成す。天地に先だちて生ず。……」のように、無名なるものは、天地のはじめであり、天地に先だって存在する形而上的なものである。

　次に「有名は万物の母」について考えてみよう。すでに明らかにしたように、道といえばすでに言い、かつ称《とな》えられたものであって、名があることになる。しかし、道は万物の由《よ》るところだから、その意味では言いかつ称えられるもの――名あるもののうちで最大の表現である。道は万物が由るところ、万物がそれに帰一するところであって、それは、逆にいうと、万物は道に由ってあるということである。万物は生成し、変化し、発展し、消滅していく。そのような万物が道に由ってあるということは、道の側からすれば、道が万物を育て長ぜしめることになる。したがって、「有名は万物の母」とは、〝道〟という名を得たもの――王弼《おうひつ》流にいえば称中の大なるもの——が万物存在（生成・変化・発展・消滅しつつある）のもと（母）であることを示している。

有は無より始まる

ところで王弼は、「およそ有は皆無より始まる」（一章注）という、これは、有（存在、あるもの）が無から出てくるという発出論的な意味ではなく、あるということは、ないということを待って初めて表現し得るという意味である。つまり、個々のものがあるということをおよそ存在するものとしてのあることと一般にまでおし広げきわめて行けば、ある一般に対して直ちにそれにつきまとってない一般が考えられてくる。つまり、有るということを表現し説明するためには、無いを前提し、それをもってこなければ、説明がつかないのである。逆に、無を説明するためには有を待たなければ、無そのものを明らかにすることはできない。今まで、『老子』において「万物の宗」「天下の母」あるいは「自然」を説明するのに、つねに無名、無状の状、無物の象、寂寥《せきりょう》などの表現を用いたのは、要するに、老子が表現したいものを対象をもった言語によって表現することができなかったからである。ここで対象をもつ言語とは、ものの名としての言語という意味で、その点では〝道〟ということばで表現することすら、もはやその当体をずばりといい当ててはいない。だから、無名とせざるを得なかったのである。

「故《ゆえ》に常無欲もってその妙を観《み》、常有欲もってその徼《きょう》を観る。」

（これについては、「常無もってその妙を観んと欲し、常有もってその徼を観んと欲す」という読み方があり、古来両説に分かれる。ここでは本引用文のように読む。）

「常無欲」という表現は、すでに引いた三十四章に見えている。馬敍倫《ばじょりん》によると、臧疏《ぞうそ》本・羅巻《らかん》本には「常無欲」の三字がなく、行文の意味からしても応ずるところがないから、このように読んだ陶方琦《とうほうき》の説は根拠がないとする。さらに彼は、『荘子』天下篇に見える「これを建つるに常無有をもってす」をあげて、この常無有は、「常無」と「常有」を意味するから、『老子』の場合も「常無」「常有」とすべきだとしている。馬敍倫の業績を十分に評価し、重なるところは省《はぶ》き、従うべき説は従うという態度をとった高亨《こうこう》は、右につけ加えて、「常無もって……を観《み》んと欲す」という句法を古典の中から多数引用し、「常無」「常有」を句となすべきことを述べている。

しかしながら、これらの説にもかかわらず王弼本では三十四章においても、「常無欲は小に名づくべし」とあり、王弼自身は一章・三十四章とも「常無欲」と読んでいる。

そこで、この「常無欲」「常有欲」を考えてみよう。三十四章においては、道が万物のよって生ずるところであり、万物を養い育てながら、それをいっこうにわが功としない、万物の主たることを主張しない――それを道は常無欲だといい、道がそのようであればこそ、万物はおのおのその所を得、あたかも何らの働きかけをも物に施さないかにみえるのだ、としている。

この意味は、一章における「常無欲」と何ら異なるところがない。したがって、「常無欲もってその妙を観る」とは、道が常無欲であるからこそ、そこにおいて微の極としての道の妙をみることができる――という意味である。これに注を施した王弼《おうひつ》が「万物は微より始まって後成《のちな》り、無より始まって後《のち》生ず」といっているのは、先に引いた「およそ有は皆無より生ず」の論理と同じであり、したがって、ここでの微とか無は〝道〟そのものでなければならない。

次に「常有欲もってその徼《きょう》を観る」を考えてみよう。徼《きょう》は辺、微妙、帰終である。問題は「常有欲」である。そもそも〝道〟の性格には、二通りの表現があった。すなわち、三十四章の「Ⓐ功成りて――Ⓑ名を有せず」「Ⓐ万物を愛養して――Ⓑ主とならず」、三十七章の「道の常はⒷ為《な》すなくして――Ⓐ為さざるなし」、五十一章の「故《ゆえ》に道Ⓐこれを生じ、これを畜《やしな》い、これを長じ、これを育て、これを亭《さだ》め、これを毒《やす》んじ、これを養い、これを覆《おお》う」「Ⓐ生じて――Ⓑ有せず」「Ⓐ為して――Ⓑ恃《たの》まず」「Ⓐ長じて――Ⓑ宰《つかさど》らず」をみると、今ⒶⒷの符号をつけた両部分は、まことにはっきりした表現上の相違がある。Ⓐ群は、道の積極的な働きないし性格を表現しているが、Ⓑ群は、要するにⒶの積極的・作為的に対して無為であり消極的である。そして、このⒷ群が実は先の引用における「常無欲」なる道の性格・働きを示しており、Ⓐ群が後者すなわち「常有欲」なる道の性格・働きを表わしていると解すべきであろう。

このようにして、「常有欲もってその徼を観る」とは、次のように解せられるであろう。道は常有欲なる積極的な働きをもっているがゆえに、ものを生み養い育てるのであって、道のその面の働きからしてみれば、そのように働くことは、実は道の無為・不作為、つまり自然に順《したが》うところに待って初めて可能である。したがって、道の積極的な働き――万物を生成する常有欲としての働きがあるからこそ、かえってその働きが生起するもとへ帰り、そこに道の「有《ゆう》」せず「宰《つかさど》」らない無為・不作為の姿をみることができるのである。端的にいえば、王弼がこの部分に注して「凡《およ》そ有の利たる、必ず無をもって用と為す。欲の本《もと》づく所、道に適《かな》って後済《な》る。」といっているように、〃有〃が有として存在し働くためには、必ず〃無〃を待ち〃無〃によって可能であるということである。

「この両者は同じく出でて名を異にす。同じくこれを玄《げん》と謂《い》う。玄のまた玄、衆妙《しゅうみょう》の門。」

この両者とは、王弼によれば「無名は天地の始」「有名は万物の母《もと》」の「始」と「母」。また、「常無」「常有」あるいは「有」「無」とする説があるが、いずれも結局は同じである。ここでは、両者を「始」と「母」にとる。すでに「無名は天地の始、有名は万物の母」について解説してあるように、この両者は、老子がいい表わしたいものを、一方では無名とすることによって天地の始源を、他方では有名とすることによって〃道〃の生成の働きを示したものであり、「始」も「母」も、およそ存在し生成する個別の始源の表現にほかならない。ゆえに両者は出ずるところを同じくして名を異にするのである。しかも、「始」も「母」も、すでにくり返し述べたように、無状の状、無物の象であり、声もなく形もない寂寥《せきりょう》たるものであるから、これを同じく「玄《げん》」という。玄とは、くらい・おくぶかい・もとの意で、形象なきものにたとえる。「始」「母」は名づけることができないものだからことばでいうことはできない。「玄のまた玄」というのは、このもの・あのもの、ないし、このようである、あのようである、といいきることができないからであって、そのように表現できればすでに道の当体を失ない、玄は一所一定のものに堕《だ》するであろう。個物は名を付することによってはっきりとその存在を明示するが、今ここで表現したいものは、名を付すればすでにその当体をはるか遠くに失ってしまうのである。そのようなものこそ、万物が生成する門だとされる。

有と無の相即

いったい、老子の道の性格には、今まで述べたところからも明らかなように、天地万物としての存在の原理（始源）的性格と、天地万物の生成因的な性格と二通りあるように思われる。このことは、次の十一章からしても立証できる。

「三十輻《ふく》、一轂《こく》を共にす。その無に当《よ》って車の用あり。埴《しょく》を挻《う》ってもって器《うつわ》を為《つく》る。その無に当《よ》って器の用あり。戸牖《こゆう》を鑿《ひら》いてもって室を為《つく》る。その無に当って室の用あり。故《ゆえ》に有のもって利を為すは、無のもって用を為せばなり。」

三十本の幅《や》が車の轂《こしき》に集まって、輪と轂とをささえている。車はその車輪が回転してこそ、物や人を運ぶことができる。車輪が回転するのには、轂の中心を通る車軸と穴との間に微妙な「すきま」がなければならぬ。その「すきま」は無であって、その「すきま」＝無によって、車全体＝有の働きがあり得る。ねば土をこねて器をつくる。器＝有が器としてその役め（働き）を果たし得るのは、器のなかの空虚＝無のところによる。戸や窓をあけて室《へや》をつくる。室＝有の働きは、室内の空間＝無によって果たせる。それゆえ、およそ形ある器〜有は、つねにそれと相即している形なきところ＝無の働きによってその有用さを発揮できるのだ——これが十一章の意味である。この章は、きわめて卑近《ひきん》な、車の用・器の用・室の用をとりあげ、そのような形あるものの働きが実は形なきところとしての無の働きによっていることを明らかにしたものである。しかし、その意味するところ、すなわち道の性格ないし働きは、実に端的に語られているといってよい。有は無にささえられ、無を待って有たり得るとともに、無は有なくして無たり得ず、有を待って初めて無を語り得る。しかも、この無は、単なる無でなく、意味と働きとをもったものであること、すでに明らかにした通りである。しかし、本来老子における無〜無的なものは、「不作為」の象徴であって、有（存在するもの）に対して何らかの働きかけをするのではない。とすれば、この無ないし無の意味と働きは、有の働き、有の在りかたの全体的な象徴でなければならぬ。つまり、無は形而下《けいじか》の有を通すことによって、形而下の全体的表現をしているのである。それゆえにまた、形而上の無は、形而下の有を離れ、何らかの実体的な一者であることを許されないのである。

『考工図記』にみえる中国古代の車。30本の輻《や》が轂《こしき》に集まっている。

おのずからそう在る〜成る

以上のようにみてくると、老子の道はまとめて次のように解釈されるであろう。すなわち、道は万物の由って生ずるところであり、万物は道から生ずる、道において在る、といえる。しかし、この場合、注意しなければならないことは、万物は道から生ずるとし、あるいは王弼《おうひつ》がしばしば注を施しているように、「凡《およ》そ有は皆無より生ずる」というとき、〝有〟としての現実の存在は、

〝無〟なる「あるもの」から発出論的に出てくるのではないという点である。そもそも「有は無より生ずる」というとき、その原文は「凡有皆生于無」であった。「生于無」は別に訓読すれば、有は無においてなると読める。そしてむしろこの方が、老子のみでなく、東洋的な形而上者の性格をいみじくも語り得ているのである。「無においてなる」は、本来決して「無から」または「無より」の意味ではない。現実の有的存在を語るとき、つまり「在る」というときは、すでに「無い」にそれはささえられていなければならないし、また、「無い」は「在る」にささえられ、「有」を待って初めて「無」とすることができる。

限りなく多様に存在する現象の世界をつきつめて「在る一般」または「有一般」とするとき、まったくそれに相即的に「無い一般」または「無一般」が考えられるのである。『老子』書における形而上者と形而下者、したがって有と無は、すべて以上のように解されねばならないように思われる。そして、右のような〝有〟と〝無〟の関係をふまえたうえで、なおかつ、「無としての道」に人間的行為のあるべき在り方を移し入れようとするときに、表現上、万物は道から生ずる、万物は道において在る、というのである。このようにいう以上、論理的には、万物の生成は道の働きによる、とされるのだが、しかし、道の本来の姿は無為であり不作為であった。万物はおのずから育ち、おのずから変化し、推移し、消滅していく。まさに自然＝おのずからしかる……である。物が自然に変化し、生成し、消滅していくこと、それ自体が実は道の無為の働きなのである。何もしない――作為を加えない、そこにこそ道の本来の働きがある。その不作為こそが、実は全体を為《な》し尽くしているのである。

このようにして、道のそのような働き、つまり、「無為而無不為――為すなくして為さざるなし」の功は、直接的には道そのものとしてみることはできない。もの・ことの自然に在る姿、おのずから生成・変化・消滅していく、その相に道の働きが現われ示されている。もの・ことはそれ自体からすれば、自然に、自ら化していくと思われるが、そのようなもの・ことのおのずから然る相においてこそ、道そのものの働きがみられ、それがはかり知られるのである。ゆえに、道によって万物があり、万物は道から生ずるというとき、万物の存在の根本原因が道であっても、個々のもの・ことの存在や成立の作為的・因果関係的力を道はもっているのではない。そうではなくて、そういう個々の事物が個々のさまざまな因果関係――PはOを原因とし、QはPによって変化し、RはQに影響されるというような――によりながら変化推移していく、その全体把握において提示されてくるのが、道の性格である。

つまり、道は、そのような個物の自然――おのずからそう成る（個々の事物がそれぞれなりに因果系列の中で変化推移していく）姿の中にみられるのであって、もの・ことの生成・変化の主（原因）とならないのである。そして、そのならないということによって、実はそのような生成・変化の全体的な功〜力となっている。これを「無為而無不為」といったのである。このように考えてくると、老子における道は、先に明らかにしたように、一方では存在の原理（始源）的性格と天地万物の生成因的性格の二通りに性格づけることができるとともに、他方では〝有〟と〝無〟との関係において把握されたように、道は決して万物の存在を離れて、実体的に、一者として存在するものではなく、もの・ことがおのずからそう成っている、そうなって在るということ——そのことをもって道とする以上、つねにもの・ことに即して在るといわねばならないであろう。〃有〃と〃無〃はつねに相即的であって、有を語るとき無を前提せざるを得ず、無を説くとき有を捨象してなし得ない、まさにそのような関係において道はとらえられなければならないのである。

一を抱く……　さて、老子には〃一〃という数字がしばしば出てくる。道の具体相をさらに考察する意味で、これについて検討してみよう。まず十章には、

「営魄《えいはく》に載《お》り、一を抱いて能《よ》く離るることなからんか。」

とある。載、営魄については、古来いろいろの訓《よ》み方があり、したがって種々の解釈がある。ここでは王弼《おうひつ》の注解にもとづいて考えてみよう。まず、載は所であり、営魄は人のつねに居《い》るところの意、一は人の真である。王弼は右の文意を、人がよく常居の宅に居り、一を抱いて神を清くし、よくつねに離れることなければ、万物はおのずからこれにつきしたがう——と解している。営魄は霊魄《れいはく》または魂魄《こんぱく》とするのが王弼を含めて古来の解釈。したがって、人の肉体（形骸《けいがい》）を構成し機能せしめる最も基《もと》になる魂魄〜霊魄のところに居るとは、それをいだき、それに身をおくことであり、さらに、わが身に道を自得して、それから離れず、霊魄〜魂魄としての気の働きをすぐれて清妙ならしめることができれば、物の自然に順うことになるから、万物はそれぞれその働きのままに落ち着きを得る。つまり、万物は道の働きにすなおに順うことになる、というのが王弼の解釈である。

王弼が〝一〟を「人の真なり」としたのはいい得て妙であるとともに、〝真〟の字によって表わそうとしたものは、いみじくも人の自然であろう。人の自然とは人の道であり、この章の末尾にあるように、「生みて有せず、為《な》して恃《たの》まず、長じて宰《つかさ》どらず」とされる人の玄徳である。

さらに、すでに道の性格について述べた部分で明らかにした十四章にも、

「これを視《み》れども見えず、名づけて夷《い》という。これを聴けども聞こえず、名づけて希《き》という。これを搏《にぎ》れども得ず、名づけて微《び》という。この三者は致詰《ちきつ》すべからず。故《ゆえ》に混じて一となす。」

とある。ここで「混じて一となす」というのは、夷・希・微という文字によって表現される三者をつきまぜて一とする――という意味ではなく、夷といい希といい微というしかいいようのないもの、それは、このもの・あのものと個別的に区分《くわ》けし、形状を確かめることのできないものだから、ひっくるめて〝一〟とするといったのであろう。つまり、わが目、わが耳、わが肢体《したい》を使ってこれをとらえ、これに名づけようとしてついにそうすることができないものだから、「致詰《ちきつ》すべからず」といい、「混じて一となす」といったのである。これこそまた道そのものの性格を〝一〟という文字によって表現したものにほかならない。

また二十二章には、次のようにある。

「曲なれば全《まった》し。枉《おう》なれば直くし、窪《くぼ》ければ盈《み》ち、敝《やぶ》るれば新たになる。少なければ得、多ければ惑《まど》う。

ここをもって聖人は一を抱きて天下の式となる。」

曲がっている木はかえって安全で伐《き》られることがない。身を屈しているから伸《の》びるときがある。くぼみが

あるから水がたまる。破れるものがあるから新しいものができる。欲が少ないとかえって得るところが多く、欲が多いとかえってあれこれと迷う。処世はすべてこのようであって、自分の賢さを表わそうとしなければかえって自己を全くすることができ、自己を是《ぜ》として主張するところがなければ、かえってその是とするところが彰《あきらか》にされる。また、くぼみに自然と水がたまるように、また着物が破れると新しいものに替えられるように、自らを誇らなければかえってその功、その徳が保たれ助長される。これらはすべて〃物の理〃〜ことわりである。道である。それは、現に存在するものの多様がひとつのもののことわりとしてとらえられているのである。聖人はこのことわりを完全に身に得ているから、天下万物のありかたの範を示すことができる。これが前掲二十二章前半の意味である。

同じく三十九章にも、「一を得たるもの」の在りかたについて述べられている。

「昔の一を得たるもの。天は一を得てもって清《す》み、地は一を得てもって寧《やす》らかに、神は一を得てもって霊、谷は一を得てもって盈《み》ち、万物は一を得てもって生じ、侯王は一を得てもって天下の貞《さだめ》となる。そのこれを致すは一なり。」

ここでも〃一〃は、数の初め、物の極である。すでに述べたように、〃一〃はあらゆる数の初めであるから、個々の数はそこ（一）から出発〜発生し、やがてそこに帰る。したがって〃一〃は物＝数がそこから生ずるもとである、ということができるであろう。万物のもと、それこそ老子の表現を企図する〃道〃にほかならない。ゆえに〃一〃は道の別名ということができる。

淮《え》南《なん》子《じ》の一

『淮《え》南子《なんじ》』の「原道訓」には次のように述べている。

「……いわゆる無形なる者は一の謂《いい》なり。いわゆる一は、天下に匹合《ひつごう》なき者なり。卓然として独立し、塊然《かいぜん》として独処す。上は九天に通じ、下は九野を貫く。員《まる》くして規《き》（ぶんまわし、コンパス）にあたらず、方（しかく）にして矩《く》（さしがね、かねざし）にあたらず。……布施《ふせ》して既《つ》きず、これを用いて勤《つか》れず。これを視《み》れども其《そ》の形を見ず、これを聴《き》けどもその声を聞かず、これに循《したが》うもその身を得ず。無形よりして有形生じ、無声よりして五音鳴り、無味よりして五味形《あら》われ、無色よりして五色成る。……この故《ゆえ》に、一の理《おさめること》四海に施《およ》び、一の解《とおること》天地に際《いた》る。……無きがごとくして有り、亡《な》きがごとくして存す。万物の総《すべて》は皆一孔に閲《い》れられ、百事の根は皆一門に出《い》ず。その動くや形なく、変化して神のごとく、その行くや迹《あと》なく、常に後《おく》れて先《さき》んず。」

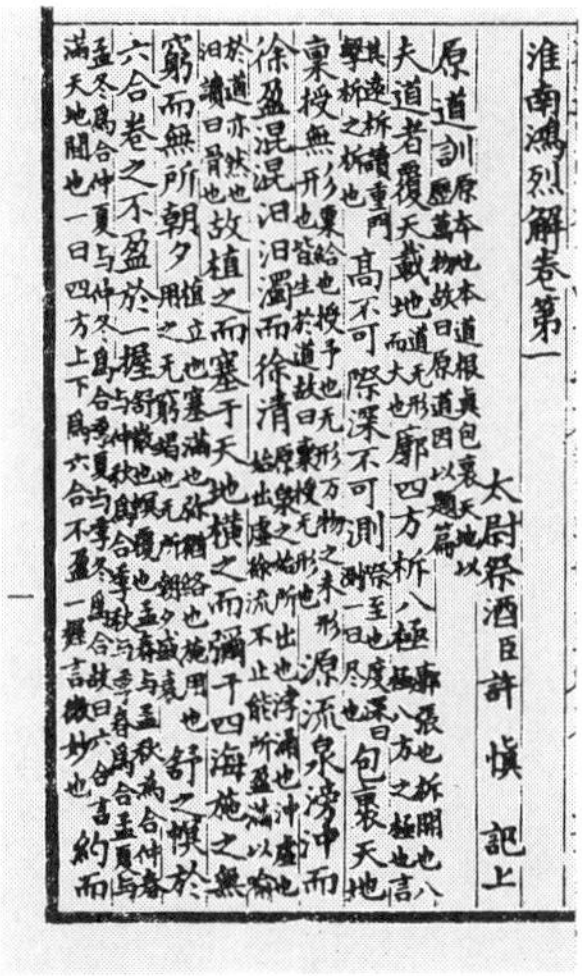
淮南鴻烈解巻第一
原道訓　太尉祭酒臣許慎記上
夫道者覆天載地　廓四方柝八極
高不可際深不可測　包裹天地
稟授無形　源流泉浡沖而
徐盈混混汩汩濁而徐清
故植之而塞于天地横之而彌于四海施之無
窮而無所朝夕　舒之幎於
六合巻之不盈於一握

『淮南子』　原道訓，北宋本

すでに解き明かすまでもなく、右の「原道訓」の一節は、いみじくも一の道たる所以《ゆえん》を論じて尽くされている。老子の一ないし道も、結局は『淮南子』の論と同じである。すでに明らかにしたように、道の意味と働きは「無名は天地の始」、「有名は万物の母《もと》」という一章の冒頭の句に十分にこめられている。"一"を道に当てたのはその意味においても、道の性格ないし論理を理解するうえでまことに都合がいい。あらゆる数は一を出発点として無限に拡大され、またあらゆる数はついに一に帰着する。そのゆえに、およそ数は一によって成り、一は万数をうちに含む——ということができるであろう。道を〝一〟に当てた中国古代人の知恵がうかがわれるしだいである。

ところで、ここに注意しておかなければならないことがある。きわめて基本的なことではあるが、すでに述べてきたように、道は老子においては、「無象の象」「無物の象」「無状の状」というように、形象なきものまたは形を超えたものであった。「視れども見えず、聴けども聞えず……」——そのようなものは、これ・それと名づけることができる物＝個物ではなかった。それはいわゆる〝形而上的のもの〟であった。しかるに、今まで述べてきた〝一〟は、それが数の出発点ないし帰着点である限り、形而下的な形ある物でなければならない。とすれば、形而上的な〝道〟と、形而下的な〝一〟とでは明らかにその性格が異なるはずである。もとより数の一における働きおよび性格がただちに道ではなく、道の性格や働きが数の一におけるそれと類比的に示されたにすぎないという弁明は聞くべきであろう。それにもかかわらず、道は形而上的の無物であり、それと万物との関係、つまり形而上的なものと形而下的なものとが、どのような論理的関係をもち得るかは問題である。

道の論理的分化発展

このことについて、老子四十二章のいうところを考えてみよう。

「道は一と生《な》り、一は二と生り、二は三と生り、三は万物と生る。万物は陰を負い陽を抱き、沖気《ちゅうき》もって和を為《な》す。」

この章句は、道と万物、形而上的（道）と形而下的（物）の論理的関係を示すとともに、道の論理的分化過程を示している。

現に存在しているものは、すべて名をもった個物である。このものが在る、あのものが在る、そのものが在る……このようにして現実の世界は成りたっている。だから、個々の存在をとらえれば、無限の多様性をもって存在していて、一として同じものはない。しかし、そのように多様に個別的・個性的に存在しているものの全体――それはついに〝在《あ》る〟という一語に尽くされる。つまり、現に存在する世界はひっくるめて〝有〟の一字に帰することができる。まさに王弼《おうひつ》がいうように、「万物万形、その帰は一なり」である。ここでの〝一〟はしたがって、すでに述べたように〝有一般〟〝在る一般〟である。時間・空間を媒介《ばいかい》にして、あらゆる物・形はそれぞれに存在している。しかし、それはついに〝有一般〟〝在る一般〟に帰せられる。現実存在の全体的把握である。

しかし、ひるがえって思うに、そのような〝在る〟はいったい何にささえられて、何に由って〝在る〟といえるのか。〝在る〟を〝在る〟とするものは実に〝無〜無い〟によってである。有を有とするものは無である。有を一におきかえれば、一を一とするものは無である。だから、王弼が注解し、また『老子』自身によく出てくる「凡《およ》そ有は皆無より生ず」という論理がここでも妥当されるのである。すなわち、有を有とするものは無だ――ということは、表現をかえれば、およそ有は無に由《よ》って在る、無を待って在る、ということであり、したがって、有は無をもととする――の意となる。有〜一のもとが無だということは、有〜一は無から生ずるの意である。ゆえに「凡そ有は皆無より生ずる」というのである。

ただしかし、この場合、前にも述べたように、一（有）は現実具体の存在一般であるから、いかにして無から有が生ずるのか、という疑問が生ずる。これについては、道の論理のまとめにおいて明らかにした通り、「無から」または「無より」ことばの字義通り生ずるのではない。そこで「有は無より生ずる」に関連する表現を『老子』本文および王弼の注から引いてみると、次のようである。

○「凡そ有は皆無より始まる」――凡有皆始於無　（一章王弼注）

○「凡そ有は虚より起こる」――凡有起於虚　（十六章王弼注）

○「万物皆道に由りて生ず」――万物皆由道而生　（三十四章王弼注）

○「天下万物は有より生ず、有は無より生ず」――天下万物生於有、有生於無　（四十章）

○「天下の物、皆有をもって生と為す。有の始まる所は、無をもって本と為す。まさに有を全くせんと欲すれば、必ず無に反《かえ》るなり。」――天下之物、皆以有為生、有之所始、以無為本、将欲全有、必反於無也（四十章王弼注）

右のうちで、とくに注目すべきは、四十章の、「天下万物は有より生ず、有は無より生ず」であろう。興味深いことに、ここでは、天下万物――有――無の三者が関連的に述べられている。すなわち、その意味するところは次の通りである。天下万物は有より生ずとは、天下万物は、個々の具体的存在であり、有は先に述べたように、存在〜在る一般であるから、したがって個々の存在はそれの全体としての有〜存在一般に集約包摂《ほうせつ》されるとともに、逆に、その有〜存在一般から個々の存在は生ずると論理的にいうことができるであろう。そして、「有は無より生ず」はすでに何回にもわたってその論理的意味を説明してきたから、改めていうまでもない。

　このようにしてわれわれは、無――有――天下万物（個別存在）という図式をたてることができる。しかもそれはまったくの論理そのものであって、このように個物が生成されるのではない。人が道だとか有だとか無だとかいって現に存在する個物の在り方について説明を加え解釈を施そうと施すまいと、個別的に存在するものは具体的に厳然として存在する。したがって、右の図式はあくまでも図式であって、帰するところは、形而上的《けいじじょう》（道）のものと形而下的《けいじか》（万物、個別存在）のものとの論理的関係を明らかにしているのみである。

一から二、二から三へ

　以上からして知られるように、先の「道は一と生り《な》……」は、すでに述べた有と無との関係とまったく同じ論理においていわれているのであって、いわば道が形而上的一般者・包括《ほうかつ》者であるのに対して、一はその無形・無象なる道が形而下的全体として投影された姿であるといってよいであろう。形而下全体とは、物として個別化する以前の物一般〜有一般である。有と無、一と道はつねに相即的であり、本来前後の関係や、具体的に「生む《う》」ものと「生まれるもの」といった関係ではない。

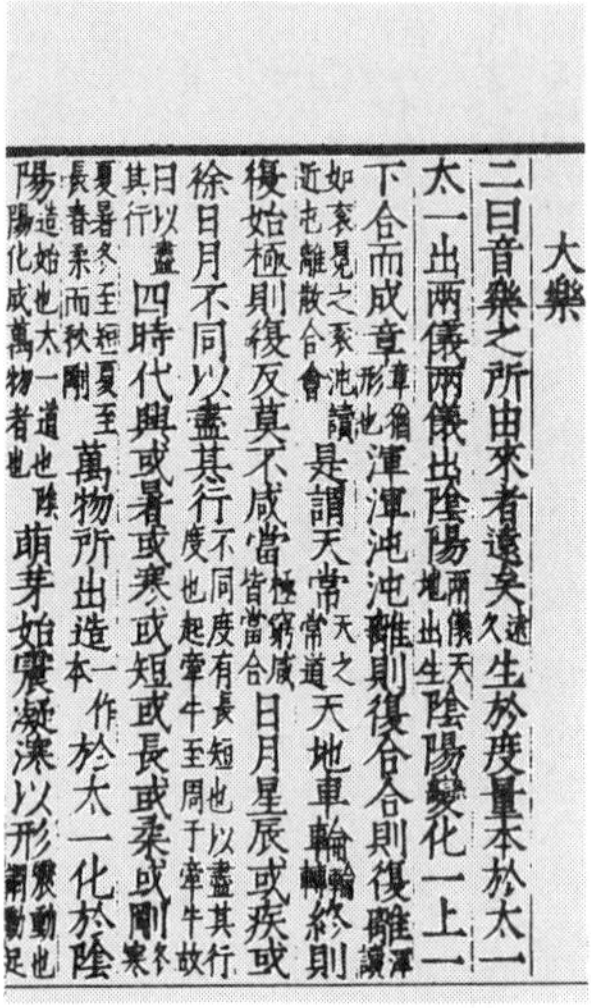

大樂

二曰音樂之所由來者遠矣(遠久)生於度量本於太一太一出兩儀(兩儀天地也)兩儀出陰陽(出生)陰陽變化一上一下合而成章(章猶形也)渾渾沌沌離則復合合則復離(渾讀如袞晃之袞沌讀近屯離散合會)是謂天常(天之常道)天地車輪(輪轉)終則復始極則復反莫不咸當(極窮咸皆當合)日月星辰或疾或徐日月不同以盡其行(不同度有長短也以盡其行度也起牽牛至周于牽牛故日以盡其行)四時代興或暑或寒或短或長或柔或剛(冬寒夏暑冬至極夏至長春柔而秋剛)萬物所出造(造本一作)於太一化於陰陽(造始也太一道也陰陽化成萬物者也)萌芽始震凝漻以形(震動也凝動足)

『呂氏春秋』　巻五大楽篇，明刊本

したがって、われわれの論理的思考の順序からすれば、先の四十章の示す通り、天下万物――有――無となるであろうが、現象して存在する万物のもとから逆に考えれば、無――有――天下万物となって、それによって先の「道は一と生《な》り」の論理を説明することができるであろう。

次に、「一は二と生《な》り」であるが、この場合の二とは、もの・ことの最初の基本的対立相を示す。およそ中国人は、現に存在する世界の事物をすべて対立相においてとらえた。天―地、剛―柔、上―下、尊―卑《び》、男―女、盛―衰、善―悪、正―邪《じゃ》……あらゆるもの・ことは常に互いに対立しながら相待ち合っている。そのような対立・相待《そうたい》・相依《そうえ》を、要素的にないしはひっくるめて、あるいは剛と柔といい、あるいは陰と陽とした。とくに陰と陽は気の働きの両側面であって、万事万物の生成・変化・消滅は陰陽の二気が変化交替する型に象徴することができるとされた。したがって、ここでも〝二〟は陰陽の対立と解すべきであろう。

ただし、この〝二〟については古来種々の解釈がある。『礼記《らいき》』礼運篇《れいうん》に「礼は必ず太一《たいいつ》に本づく。分れて天地となり、転じて陰陽となる」とあり、『呂氏春秋《ろししゅんじゅう》』大楽篇《たいらく》に「太一両儀を生じ、両儀陰陽を生ず」とあり、『易《えき》』に「易に太極あり、これ両儀を生ず」とあるように、〝二〟を天地と解し、陰陽と解し得る。

いずれにせよ意味するところは変わりないが、四十二章では「万物陰を負いて陽を抱き……」とあるから、ここでは陰と陽としておこう。

さて、「二は三と生《な》り」の〝三〟は、対立する両者（つまり二）とこれをささえるもの（つまり一）である。対立するものは始源的に対立するのではなく、老子流の考え方からすれば、一としての「在る一般」「有一般」が最初の対立相を表わしたとき、一が二となるのであり、これを気でいえば、同様に一気が分化して陰陽二気の対立を生じたのである。だから、「二は三と生る」とは、二つの対立は一においてあるという意味である。高亭《こうこう》の『老子正詁《せいこ》』によれば、〝三〟とは陰気・陽気・和気だとされる。また、奚侗《けいどう》の『老子集《しっ》解《かい》』では、『易』の太極は道と同義であり、また一であり、両儀は二であり、天地であるとする。そして、「天地の気合して和を生ず、二、三を生ずるなり。和気合して物を生ず、三、万物を生ずるなり。」とある。これによると、〝三〟とは天地の二気が合した和気である。この和気はこの章の〝沖気《ちゅうき》〟である。すなわち一である。したがって、二は一のうちにあり、陰陽二気は和気〜沖気の分化であるから、一と二とで三となる。

このようにして、道の投影としての形而下的全体（有〜一）と、これの最初の分化であるところの陰陽の対立相としての二があるということは、すでに万物が並び起こる論理的な過程を表わしている。「三、万物と生る」というのは、一と二とがあるということと同義である。なんとなれば、万物、つまり個物のすべては陰と陽の気をもって構成されており、この二気は前述のように一気〜沖気から出ているのである。だから、沖気は陰陽二気の対立がそこにおいて相和するところでもある。

道の自発自展は、老子によるとこのようであり、またこれによって、道と万物との論理的関連も明らかにされ得たであろう。ただ、道が一となるとか、一が二となるということばにこだわると、いわゆる〝一者〟からの発出論的な考え方に陥《おちい》る弊《へい》が生ずる。老子ではそのような思考のニュアンスはあるにしても、発出論ではない。四十二章は、もの・ことの論理的な生成過程であり、さらにいえば、万物と道との、したがって形而上的と形而下的の関係である。

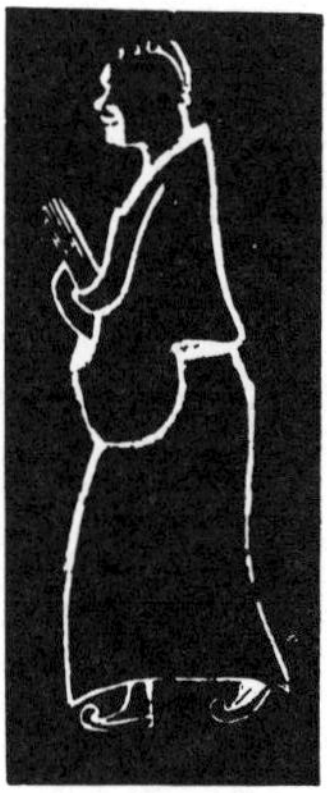

徳について

道と徳の書

すでに老子という人物について述べたおり、司馬遷の『史記』老子伝に「老子は書上下二篇を著わし、道徳の意、五千余言を言いて去る」とあることを紹介した。これは老子についての伝聞の記録であるが、司馬遷自身は、老子の思想を「李耳《りじ》は無為にしておのずから化し、清浄《せいじょう》にしておのずから正しいところに道の実現を期待した……」といって、別に、〝道徳〟について述べたとは書いていない。

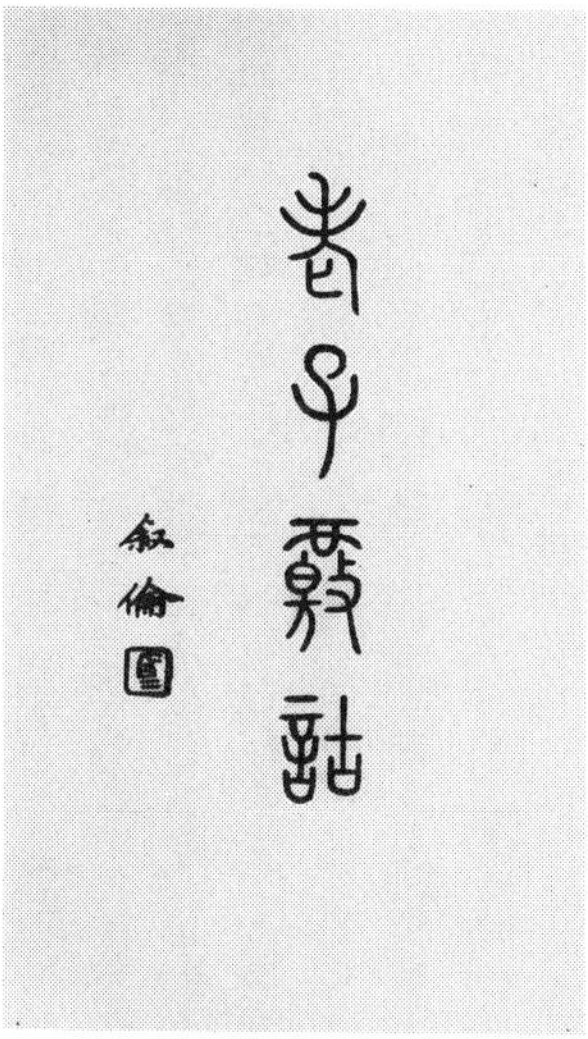
『老子覈詁』題字

現在本『老子』はしばしば『老子道徳経』といわれるが、いつごろからこのように呼ばれたのであろうか。馬敍倫《ばじょりん》の『老子覈詁《かくこ》』によると次のようである。『史記』儒林伝には「竇太后《とうたいこう》は老子書を好む……」とあり、『漢書《かんじょ》』景十三王伝には「献王《けんおう》古文孟子老子の属《たぐい》を得」とあるから、漢初には皆ただちに老子といって、『老子経』とは称されていなかった。『漢書』芸《げい》文志《もんし》には『老子書』が録されておらず、老子・鄰氏《りんし》経伝四篇、傅氏《ふし》経説三十七篇、徐氏《じょし》経説六篇を録している。鄰氏・徐氏・傅氏はいつごろの人かわからない。『法苑珠林《ほうえんしゅりん》』（唐代の釈道世《しゃくどうせい》の著作）六十八には呉《ご》書を引き、「漢の景帝は黄子《こうし》老子義体もっとも深きをもって子を改めて経と為し、初めて道学を立て、勅して朝野をして悉《ことごと》くこれを諷誦《ふうしょう》せしむ。……」とあるところから、漢の景帝（紀元前一五七〜一四一）のころに『老子経』と称されたらしい。さらに、揚雄《ようゆう》の『蜀王《しょくおう》本経』には「老子関尹《かんい》喜《き》のために道徳経を著わす」とあり、『列仙伝《れっせんでん》』に「老子は書を著わし、道徳経上下二巻を作る」また、葛玄《かつげん》の『老子』序に「道徳経二篇、五千文上下経を作る」などとある。これらからして、『老子』書が道徳経と称されたのは前漢の末ごろであろうというのが馬叙倫の説である。

　したがって、王弼《おうひつ》（二二六〜二四九）が『老子道徳経』上・下二篇として注を施したのも当然であろう。いわんや、司馬遷の伝聞ないし得た資料においてもすでに老子 十 道徳経といわれていたか、または『老子』書が〝道徳〟について語られたものであるとされていたことは認めざるを得ないであろう。

　ところで、『老子』は通じて八十一章、上篇は三十七章まで、下篇は三十八章からとなっている。道——徳経というから、上篇が主として〝道〟を、下篇が〝徳〟を論じていると思われるであろうが必ずしもきちんとそうなっているのではない。上篇にも道のみでなく徳を論じた部分があり、下篇にも道の働きを述べている。ただし、上篇の首章は、有名な「道の道とすべきは常の道にあらず、……」から始まり、下篇の首章は「上徳は徳とせず、是《ここ》をもって徳あり、……」から始まっているので、これをもって、上篇を道の論、下篇を徳の論とすることもできよう。〝道徳経〟というからには、また中国の道徳についての論理からすれば、当然、道と徳の論に一応わけて考えられねばならないからである。事実、全章を通読すれば、上篇には道の性格・働きを論じた章が多く、下篇はより具体的な徳の諸相を語っているものが多いともいい得る。また、〝聖人〟ということばが、かなり多く使われている。「……是《ここ》をもって聖人は一を抱き、天下の式となる」というように。このような語法と文脈の中で意味されている聖人は、要するに、〝道を完全に得たる理想的人格〟であり、〝完徳の人〟である。道の働きや性格を述べたあと、「是《ここ》をもって……」というのは、その道を得た人は……という意味であって、これ以下は徳論にほかならない。この聖人ということばが多く使われているのは、数えてみても明らかに下篇である。この点からしても、下篇は徳論を主としているといっても、あながち誤りではないであろう。聖人についてはあとで述べる。

為すなくして為さざるなし

いずれにせよ、『老子』は、道と徳について論じ、あわせて道徳、つまり〝人間存在の理法〟と〝人の生き方〟について語ったものである。この意味において、また右に述べたこの書の構成からして、ここで、『老子』の徳についての考え方を明らかにしておく必要があろう。

『易』の繋辞《けいじ》伝《でん》に、「一陰一陽これを道と謂《い》う。これを継ぐものは善なり、これを成すものは性なり。」とある。簡単にいえば、およそ存在するもの・ことはすべて積極と消極、剛と柔、勝と負、盛と衰、……のように陰と陽とが互いに対立し相待ち合っている。そのように一陰し一陽していること、そのことが道である。

そしてその「道を継ぐ」とは「道に順《したが》う」ことだと、古来解釈されてきている。このような論理のたてかたは、中国人に固有の考え方を示している。道はおよそ存在するものの存在のしかたである。これを西洋哲学流に「存在の存在」ということも、「存在性」ということも、「存在の究極の原因」「存在を存在とするもの」ということもできるであろうが、すでに前項でも述べたように、道は中国人にとって、まず世界存在の根本的在り方の端的な表現である。人の生き方は、この道につき順うところにあり、それによって善とする行為をうみだすことができる。そして、道につき順い、道を守る生き方ないし個々の行為こそが徳とされるのである。とすれば、徳ある行為は、つねに道の現実的なあらわれであり、道を実践において証示することによって可能である。とともに、その徳行は道によって規定されるのであるから、道のとらえ方、存在のとらえ方、ないし道とされているものの性格・内容こそが、徳行を徳行たらしめるゆえんであるということができるであろう。

老子についていえば、道の性格・内容が、また、ただちに徳行の根本的性格ないし徳の諸相を示しているといわねばならない。だから、三十七章において、次のようにいう。

「道は常に為《な》すなくして為さざるなし。侯王若《も》しよくこれを守らば、万物将《まさ》におのずから化せんとす。化して作《な》さんと欲すれば、吾将《われまさ》にこれを鎮《しず》むるに無名の樸《ぼく》をもってせんとす。」

道が「無為而無不為」（為すなくして為さざるなし）とは、ものの自然（おのずから然《しか》る）そのものをいい表わしているのであって、そのような道を侯王がよく守るならば、万物はおのずからそのように在るし成るという。作為すれば物の自然を失い、不作為なればかえって物はおのずから化す。それが道につき順うことによって実現される老子の徳なのである。

上徳と下徳

これをさらにはっきりとさせているのが、下篇首章（三十八章）の上徳と下徳《かとく》である。

「上徳は徳とせず、ここをもって徳あり。下徳は徳を失わず、ここをもって徳なし。上徳は為すなくして為さざるなし。下徳はこれを為してもって為すことあり。上仁はこれを為してもって為すことなく、上義はこれを為してもって為すことあり。上礼はこれを為してこれに応ずることなければ、臂《ひじ》を攘《かか》（纏）げてこれを扔《ひ》く。故《ゆえ》に道を失ってのち徳、徳を失ってのち仁、仁を失ってのち義、義を失ってのち礼。それ礼は忠信の薄《はく》にして乱の首《はじめ》、前識《ぜんしき》は道の華《はな》にして愚《ぐ》の始。ここをもって大丈夫は其の厚に処《お》りてその薄に居《お》らず、その実に処《よ》りて其の華《か》に居らず。故《ゆえ》に彼を去りて此《これ》を取る。」

まず上徳と下徳であるが、「上徳」は自らに得た徳を徳として披瀝《ひれき》しない。得た徳と自己《じこ》とが対立せず、自己即《そく》徳、徳即自己であるがゆえに、改めて徳を意識しない。ところが、「下徳」は、この徳あの徳と自分に得たものを失うまいとし、事に処して徳を表わそうとする。徳をもっている――得ているとつねに意識し披瀝するために、かえって徳と自己とが分裂して、その結果本来の徳すら失ってしまう。また上徳とされているものは、為すなくして為さざるなしである。つまり、ためにしないゆえに、すなわち徳を得たるものとして意識し、あえて徳行に努めようとしないから、かえって徳の全体を為し尽くし、他にも及ぼすことができる。下徳はこれに反して徳行に努めようとしてためにする（だからかえって徳を尽くすことはできない）ところがある。

「上仁」といわれるものは、愛の真なる発露であって、ひろく他に愛を施す（これを為す）が、ためにすることがない、報いを求めない。「上義」は、我《われ》と汝《なんじ》、自と他の間を調節するための規範であって、必ず自他の関係を保とうとして、そのためにあれこれと作為する。「上礼」は、自と他を区別し、その関係に節度あらしめるのだが、ここに至っては、礼を為《つく》して、相手がこれに応じなければ、臂《ひじ》をかかげてこれを自分の方にひきつけ、相手に自分の心をわからせようとする。

このように、最上の仁だとか義だとか礼だとかいっているが、それは結局何らかの形において作為（老子は「これを為す」という表現を用いている）を施している。それでは真の道の具現にならぬ。為すなくして為さざるなき、道の実践とはいえない。ゆえに、得は道の本義が失われたところに、仁は徳が失われたところに、義は仁の失われたところに、礼は義の失われたところに出てくるのであって、いずれも下徳に属するものである。

世にいう礼は忠信の最も薄いもので、外面的な人間の調整にあたろうとしてこれを用い、相手が応じなければ腕づくでも自分の側にひっぱろうとするから、乱の初めとなる。また、人に先だって物事を知識することは確かに道の華《はな》であるが、知る〜もの識《し》りなどというものは、実は最も愚かなことで、かえってそれによって道を遠ざかることになる。だから、大丈夫は外面的・形式的な作為におおわれたところ（薄）に居《お》らず、物事の在る在りかたの根本のところ（厚）において身を処する。はなやかな紛飾《ふんしょく》されたところに居らず、ありのままの姿（実）のみをよしとする。ゆえに真の道を得たものは、作為し形式化したものを取り去り、物の自然におもむくところに身を任せ、素朴をとり守る。

このように解釈してきてみると、老子における徳の諸相がきわめて明瞭《めいりょう》になる。すなわち、

○上徳＝徳を徳としない、ゆえに「為すなくして為さざるなし」という本来の徳がある。

○下徳＝徳とするところにこだわる。徳を徳として表に出すから、かえって徳の真を失う。ためにするところがあるからである。

○上仁＝仁なる徳行を〈積極的に〉自ら為すが、それはためにするところがない。

○上義＝〈積極的に〉為すところがあるとともに、それはためにすることがある。

○上礼＝自らすすんで作為し、自らの礼とするところに相手が応じなければ、力づくでもこれを引っぱる。忠信の薄きもの、乱の初めである。

○前識《ぜんしき》＝道の華ではあるが愚の初めである。

となって、上仁・上義・上礼・前識は、それぞれすぐれた徳とされる立場もあろうが、老子においてはすべてこれ下徳に類するものとされる。その理由は、要するに、作為《さくい》し積極的であり、ためにするところがあるからである。老子における真の徳は、道そのものの具現でなければならなかった。しかもその道は、物を離

れ、物とは別に実体的に存在するものではなく、万事万物が「おのずからしかること」であるとされた。おのずから成り、そう在るということは、他の何らかの作為によるものでない。事物の消長、すなわち、生成・変化・消滅の相、そのもの、そのままがただちに道であるからこそ、道は三十六章において「無為而無不為」(為すなくして為さざるなし)とされ、同じく道の得としての徳も――ここではそれは〝上徳〟とされたのだが――「無為而無不為」と明言されたのである。作為し、物に積極的にかかわっていくことこそ、老子においては物のある在りかたにすなおでなく、物を損じ、物を失う結果となるのである。このことはまた、二十一章において、「孔徳《こうとく》の容は、ただ道にのみこれ従う」といっているところからも明らかである。すなわち、孔徳とは大徳の意、あるいはまた、王弼《おうひつ》のいわゆる、「孔は空なり。ただ空をもって徳となし、然る後に乃《すなわ》ちよく動作して道に従う。」である。大いなる徳の姿は、道に従うところにのみ現われるのであって、これを王弼流にいえば、空をもって徳とすることこそ、日常不断の行為そのものが、その空なる徳によって道に従い道を実現していることになるのである。

物を育てる

さて、従来の老子における徳の解釈は、主として〝道〟につき従って身に得られたものとして述べられてきたが、ここではさらにすすめて、徳が物を育てるという働きをもっていることを明らかにしよう。五十一章では次のようにいう。

「道これを生じ、徳これを畜《やしな》い、物これを形《かたち》づくり、勢これを成す。是《ここ》をもって万物道を尊びて徳を貴《とうと》ばざるなし。道の尊、徳の貴は、それこれに命ずるなくして常に然るなり。故《ゆえ》に道これを生じ、徳これを畜い、これを長じ、これを育て、これを亭《とと》え、これを毒《やすん》じ、これを養い、これを覆《おお》う。生じて有せず、為して恃《たの》まず、長じて宰《つかさど》らず。これを玄徳という。」

〝道〟の働き・性格については、今までに詳しく述べた。端的にいって、道と万物との関係は、「道は万物の由《よ》りて生ずる所」とか「天下万物、有より生ず、有は無より生ず」といわれるように、およそ万物はつねに形象・形体あるものとして〝有〟であり、事物の現存在は統括して〝有一般〟である。しかし、そのようなあることと一般としてとらえられた有は、その出発点からみれば、論理的には〝有〟に相即し〝有〟の裏返しとしての〝無〟に始まり〝無〟にもとづく——ということができる。くり返し述べたように、「有は無より生ず」というとき、形ある物が、形なき無から幻のように発生するのではない。形象あるものの全体(有)が考えられるとき、それのおいてあるところの場所が〝無〟である。つまり、有としての存在がそれのおいてある場所において自己限定する、そのことが、「有は無より生ず」というのである。

してみると、先の五十一章において「道これを生じ」というとき、物はそれのおいてある場所において自己限定することによって、物としてあるのであって、これを道の側からみるならば、道は、物を、おいてある場所(自己としての道)において物たらしめる働きをもっていることとなり、したがって〝道が万物を生《う》む〟という表現がとられるのである。つまり、「道これを生じ」とは、端的にいって物が道において在る、在らしめられているという意味である。個物として現に存在するものの総体が〝有〟ないし〝在〟として、おいてあるところの道〜場所に限定されていることである。

　表現をかえれば、物は道によって初めて物たり得、物としての存在を確保し得る——といってよいであろう。そして、このような物を養い育てるのが〝徳〟である。ところで物は物である限り、必ず形象を有する。ものは〝形〟として現われることによって初めて物たり得る。また、ものが物として存在すれば、物は必ず働く——変化消長する——、それが物の勢いである。物が在ることは、つねに成ることである。在るから成るへは、物の勢いである。これが五十一章の「徳これを畜《やしな》い、物これを形づくり、勢《せい》これを成す」の意味である。かくして、王弼《おうひつ》のいうように、物は道に由《よ》って生じ、徳を得て育ち、形に由って物となり、勢に由ってこれを成し遂げる。由るところがあるからこそ物は皆形するし、勢いがあるからこそ物は成る。すべて物が生じ功が成るのは由るところがあるからであって、これを推《お》し究《きわ》めていけば、結局物は道に由り随《したが》って存在するといわざるを得ないのである。

　ゆえに万物は由るところの道を尊び、それに由って物として育ちゆくことを得るところの徳を貴ぶ。しかも、道を尊び徳を貴ぶも、道や徳が物に命じて生じ育てるのではなく、物がつねにおのずからそうなるのである。道は物を生じ、徳は物を畜い、長じ、育て、亭《ととの》え、毒《やす》んじ、養い、覆《おお》う。しかし、生じてこれをわがものとせず、そのようにしながら物をたのみとせず、成長させながら自分から手をくだしたとはしない。これこそ徳のうちでも、最も奥深いもとの徳（玄徳）というのである。以上が五十一章の解釈である。

道と徳の関係

次に五十二章によって道と徳との関係をさらに具体的に考察しよう。

「天下に始あり、もって天下の母《もと》となる。既にその母《もと》を得てもってその子たるを知る。既にその子たるを知ってまたその母《もと》を守れば、身を没して殆《あやう》からず。その兌《あな》を塞《ふさ》ぎ、その門を閉ずれば身を終えて勤《つか》れず。その兌《あな》を開き、その事を済《な》せば身を終えて救われず。

小を見るを明《めい》といい、柔を守るを強という。その光を用いて其の明に復帰すれば、身に殃《わざわい》を遺《のこ》すことなし。これを襲常《しゅうじょう》という。」

「天下に始あり」とは、およそ存在する事物にはすべて始源(はじめ・もと)がある。しかし、それはすでにくり返し解説したように、事物の因果系列の時間的遡源によって考えられるようなものでなく、事物存在全体に対して、それのおいてある場所そのものである。もしもそのようなものが、事物存在の始源として考えられるならば、それこそ「天下の母《もと》」とされるべきものである。およそ存在する事物の始源としての「母」がわかれば、事物およびわれはそれの子(道に由って在るところのもの)であることを知る。だから逆に、事物およびわれがその子であることを知って、万物の母たる道をとり守ることができるならば、死ぬまで危くない。

その穴(耳・目・口・鼻)をふさぎ、その門(想念情欲の湧《わ》き出る心の門)を閉じていると死ぬまで苦しみ疲れることがない。反対に、その穴を開き、想念情欲のおもむくところに従って、あれこれと事を為せば、死ぬまで救われることはない。小さいものがよく見えるのが本当の明《めい》であり、柔らかさを守ることこそ本当の強である。

道の照らす明智《めいち》の光を用いるが、しかしまたその明（光）の本来にたち返り（復帰）、いたずらに外に光を輝かして穿鑿《せんさく》しようとしない。そうすれば身に殃《わざわい》をのこさないですむ。このような在り方が「襲常《しゅうじょう》」――道の常（道そのもの）を内に包み蔵《かく》して外にあらわさない――という。

以上からしてもわかるように、この章の意味するところは、「天下の始」「天下の母《もと》」としての道をよく身に得て守れば、終身危きに陥ることがないという点である。穴をふさぎ、門を閉じる、小を見る明、柔を守る強、道の光を用いながら、いたずらに光り輝かすのではなく、道の本来に復帰すること、これらは一見何らの脈絡《みゃくらく》もないかに思われるが、結局は、道の「無為而無不為《なすなくしてなさざるなし》」なる働きにすなおに順《したが》うことによって実現される徳の具体的な在りかたの説明である。〝かくす〟ということはしまいこんでいっさい表に出さないことではなく、〝あらわしながらかくし〟〝かくしながらあらわす〟という、いわば有無相即、空実相依の論理によっている老子流の処世論・徳論の表現であることを知るべきであろう。そしてそこには、作為による徳の実現よりも、つねに無為〜不作為消極の徳が、本来物の在りかたにすなおであり、かえって物を生《い》かし、物を育てるゆえんであるとする。五十五章においては、このような徳を赤子《あかご》にたとえて説いている。すなわち、

「含徳《がんとく》の厚きは赤子に比《なぞら》う。蜂蠆虺蛇《ほうたいきだ》も螫《さ》さず、猛獣《もうじゅう》も據《よ》らず、攫鳥《かくちょう》も搏《う》たず。骨弱く筋柔らかくして握ること固《かた》し。未だ牝牡《ひんぼ》の合を知らずして朘作《さくた》つは、精の至りなり。終日号《さけ》びてしかも嗄《か》れざるは和の至りなり。和を知るを常といい、常を知るを明といい、生を益するを祥《しょう》といい、心の気を使うを強とい

う。物壮《さか》んなれば老ゆ。これを不道という。不道は早く已《や》む。」

この意味は次の通りである。厚く（または篤《あつ》くともいってよい）徳を身に得ている人は、赤子《あかご》にも比せられる。赤子は無心・無欲であえて求めるところもなく、したがって物を犯し傷つけることもない。だからハチ・サソリ・マムシ・ヘビのたぐいも赤子をささない。猛獣もこれをつかみとらず、猛禽《もうきん》もこれを打ち殺さない。赤子の骨は弱く筋肉も柔らかであるが、その手の握りはかたい。まだ男女の交合は知らないが、その朘《さく》（赤子の陰）はよく立つ。精気が身体に満ちているからである。終日泣き叫んでも赤子ののどはかれない。おとなが一日中叫んだならばたちまち声がしわがれてしまう。赤子がそうでないのは、その泣き声が無理をすることなくためにすることもなく、からだの諸器官のほどよい調和を保っているからである。

赤子の無欲・和を知る

徳の篤《あつ》い人も赤子と同じく、物をもってその徳を損《そこな》うことなく、その真を渝《か》えることなく、柔弱にして争わず、したがって物を摧《くじ》き折ることもない――と王弼はいい、また、中国宋代の学者蘇轍《そてつ》（子由《しゆう》）は、「道は形体なく、物として見ることができない。況《いわ》んやこれを傷つけることもできない。人が形をもつに至るのは心をもつことによってである。ゆえに心があって後に形があり、形があって後に敵（あいて）がある。対立する敵があってこそ我《われ》を傷つける者がやってくる。無心の人は物をもって敵としないからどうしてこれを傷つけることができようか。赤子が傷つけられないのはただ無心だからである。」と注を施している。いずれも、道の無為を体した有徳者の不作為・無心が赤子の無欲・無心に比せられているのである。

さて「和を知るを常という……」以下について解説しよう。先に紹介した蘇轍《そてつ》は、和とは「外をもって内を傷《やぶ》らざる」ことだとしている。これは意味深い説である。老子流にいえば、物はおのずからそう在るのであって、それに任せる（物の自然にしたがう）ことが無為の徳である。物の自然にすなおに任せることができなければ、作為し手を加えることになる。物の自然とは物そのものがおのずからそう在る〻成ることであったから、それはいわば物の内なる化育である。しかるに、作為はそれに何らかの手を加えることであるから、いわば、外からの働きかけである。物が内において、それ自身において自化しているのに外から手を加えれば、物の在り方にすなおでなく、したがって物を傷つけることになる。

蘇轍が「外から内を傷つけないこと」が和だといったのは、要するに〝物の自然にすなおに順《したが》え〟ということである。それが〝和〟だとされるのは、およそ物の在る在りかたにすなおに順うことこそが、個々の物がそれぞれにおちつきを得、安寧《あんねい》を得るゆえんであり、したがって、和を保つゆえんだからである。したがって、物の自然（和）を知ることが、物の常《じょう》を得ることであり、道を得る（徳）ことである。すでに明らかにしたように、道の常は「無為而無不為《なすなくしてなさざるなし》」であった。このことからしても、物が和している常態（自然）をみるところに、また道の常を知ることができるといえるであろう。

ところで、老子において「明」とは視覚にうったえて物を見ることではない。〝ものの在る在りかた〟がすなおにわかる、道の常なるすがたが身に得られている（徳とされている）ことが「明」である。ゆえに「常《じょう》を知るを明という」というのである。また老子は、作為をもって生を益すことを「わざわい」といい、あえて我心《がしん》（有心）をもって気をつかうことを「強」といったが、これらはすべて作為し、てごころを加えることによってわが身を強くし生を全うせんとするから、徳ある人のなすべきことではないと戒める。物が盛んであれば必ず衰える。それは物の自然に反する。ゆえにこれを「不道」――道にかなっていない――といい、「不道」なれば人も物も早くだめになる。以上が五十五章の解釈であって、これまた、道をおさめた有徳者のあり方を示したものにほかならない。

韓非の徳論（老子三十八章の解釈）

さて、今まで老子の徳論を紹介してきたが、ここで、韓非《かんぴ》と王弼《おうひつ》の老子の徳論の解釈を紹介しよう。韓非（?〜紀元前二三三）は、『老子』の最も古い注釈者で、その著『韓非子』のなかに、「解老《かいろう》」「喩老《ゆろう》」なる二篇があり、『老子』の原文を引きながらその解釈（当然自己の思想の展開にもつながるが）をしるしている。また、王弼（二二六〜二四九）は、現存する『老子』諸注本のうち、最も古い注釈本を残し、若くして死んだ秀才である（しかし、王弼注本はテキストとしてはずっとあとの宋代以後のものしか残っていない）。まず、韓非の老子三十八章の解釈を以下に述べる。

徳は内、得は外である。「上徳は徳とせず」（老子三十八章の本文、以下老子本文とする）とは、人の神（人の心のすぐれた働き）が外物によって動かされないことをいう。人の心のすぐれた働き（神）が外物の影響を受けて動く耳目口鼻に使役されなければ、身は安全である。身の全《まった》きこと、これを徳という。徳は身に得るも

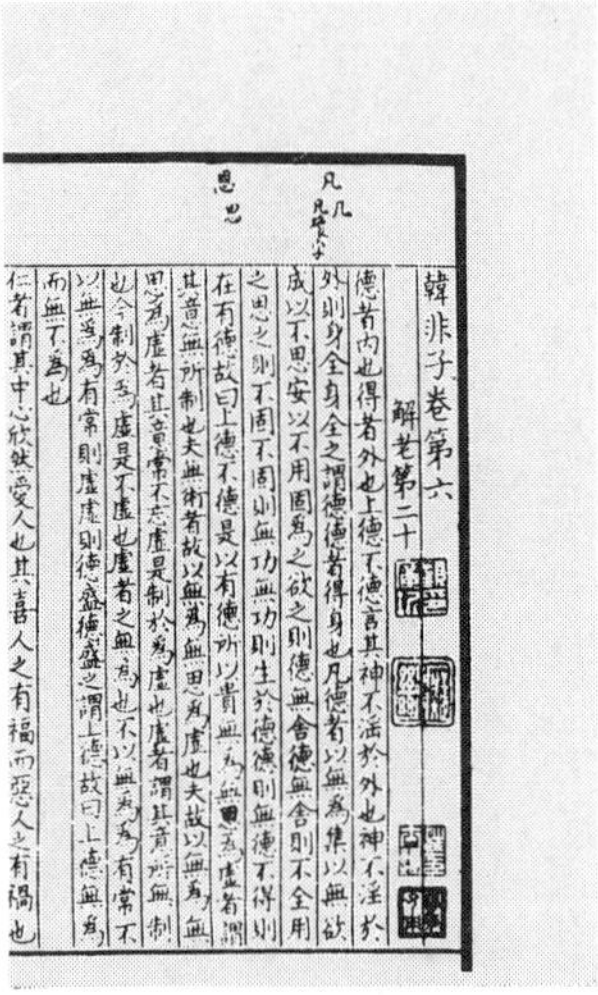

韓非子巻第六

解老第二十

德者内也得者外也上德不德言其神不淫於外也神不淫於
外則身全身全之謂德德者得身也凡德者以無為集以無欲
成以不思安以不用固為之欲之則德無舍德無舍則不全用
之思之則不固不固則無功無功則生於德德則無德不德則
在有德故曰上德不德是以有德所以貴無為無思為虚者謂
其意無所制也夫無術者故以無為無思為虚也夫故以無為無
思為虚者其意常不忘虚是制於為虚也虚者謂其意所無制
也今制於為虚是不虚也虚者之無為也不以無為為有常不
以無為為有常則虚虚則德盛德盛之謂上德故曰上德無為
而無不為也
仁者謂其中心欣然愛人也其喜人之有福而惡人之有禍也

『韓非子』　第六，解老二十，黄蕘圃《こうじようほ》校宋鈔本

のだから。

およそ徳は無為をもって身に集まり、無欲をもって身に成る。（あれこれと）思いをめぐらさなければ心やすく、意を用いなければ心はかたい。事を為《な》し物を欲すれば、徳の舎《やど》るところはない。徳の舎るところがなければ身を全うすることはできない。意を用い、思いをめぐらせば心はかたくない。心がかたくなければ功はない。無功は有徳（徳を徳とする心）より生ずる。（世のいわゆる）徳には徳がなく、徳としないところに（真の）徳はある。ゆえに「上徳は徳とせず、是《ここ》をもって徳あり。」（老子本文）という。

無為無思であって、しかもそれを虚《きょ》として尊ぶのは、（無為無思なれば）意を制せられるところがないからである。かの道術を知らぬ者も、もと無為無思をもって虚とする者も、その意《こころ》においてつねに虚を忘れない。これでは（かえって）虚とすることに心を制せられる。虚とはその意が（何物にも）制せられないことをいう。今、（心を無為無思によって）虚とすることに制せられたならば、虚ではない。虚が（真に）無為であるのは、無為をもって有常《うじょう》（変わること、変化に応ずること、そこに常がある。しかし、そこに心をとめればすでに常でなくなる。それはすでに、心意に拘制《こうせい》された常、つまり有常である）としないからである。無為をもって有常としなければ（心は）虚である。（心が）虚であれば徳はさかん。徳のさかんなるを上徳という。ゆえに「上徳は為すなくして為さざるなし」（老子本文）という。

仁者は心から欣《よろこ》んで人を愛する。人に福が来ることを喜び、禍《わざわい》の及ぶことを悪《にく》む。生まれながらの心（性）がじっとしていられないからである。しかもその報いを求めてそうするのではない。ゆえに「上仁はこれを為してもって為すなし」（老子本文）という。

義は君臣《くんしん》上下の事、父子貴賤《きせん》のちがい、知己親友の交わり、親疎《しんそ》内外のわかれめである。臣がよく君につかえ、下がよく上になつき、子がよく父につかえ、賤《ひく》い者がよく貴《たか》い者を尊敬し、知交朋友《ほうゆう》が互いによく助け合い、親しい者をよく内にし、疎遠《そえん》の者をよく外にする。義とは（それぞれがそれぞれに）よろしきことをいう。（それぞれが）よろしいように事を行なう。ゆえに「上義はこれを為してもって為すことあり」（老子本文）という。

礼とは情（心の動き）を外（顔色動作）に現わすこと、もろもろのかかわりあい（群義）がよくととのい、あや（文章）をなすこと、君臣父子が交わること、貴と賤、賢と不肖《ふしょう》とが区別されるもとである。こちらは中心よりなつかしんでも相手はこれを諭《さと》らない。ゆえにかけていって腰をひくくし、相手を拝してわが心のうちを明かす。我《われ》は真実相手を愛しても彼はこれを知らない。ゆえに、ことばを好くし辞を多くして、わが心のまことが実なることを相手に示す。礼とは、行動にあらわして（外飾）わが心のうちを相手にさとらしめることである。ゆえに「礼は情のあらわれる所以《ゆえん》」(文章の形式からすると、これは老子本文に当たるが、現在本にはない)という。

およそ人が外物のために動くとき、それがわが身にとって礼であることを知らない。衆人が礼を為すとき、それは他人を尊ぶためにする。ゆえに時にはよくこれを勤め、時にはいいかげんにする。君子の礼を為すときは、おのれの身のためにする。身のためにするから、わが心をすぐれたる(神)働きにすることを上礼というのである。上礼をなす者は心のすぐれた働きによって内と外を一にするが、衆人は内外を二とする。ゆえに心を実にして相手に応ずることができない。相手に応ずることができないから、「上礼はこれを為してこれに応ずるなし」(老子本文)という。

衆人は内外を二とするも、聖人は恭《きょう》と敬の心によって手足の礼を尽くすから、礼の衰えることはない。ゆえに「臂《ひじ》をかかげてこれを扔《ひ》く」(老子本文)という。

道は(わが身に)積み重ねがあり、(積み重ねによって得られた)徳には功がある。徳は道の具体的な力(功)である。力には実があり、身に得た実は光り輝く。仁は徳の光り、その光りはあまねく身にゆきわたる(沢)。徳が身にゆきわたれば、行ないにあらわれる。

義は仁のあらわれた行ないである。その行ないには、したがって文(あや・筋め)がある。礼は義のあらわれた行ないの文である。ゆえに「道を失って後に徳を失う、徳を失って後に仁を失う、仁を失って後に義を失う、義を失って後に礼を失う。」という。

礼は情（心の動き）の外にあらわれたもの。文は質（もとになる心の誠）に飾（心の誠を外にあらわすこと）をつけたもの。君子は情（内・先）をとって貌《かたち》（外・後）を去り、質を好んで飾を悪《にく》む。あらわれたかたち（貌）をたのみにして、そこから情（心の内）をとやかくいう者は、（その者の）心は誠でない。外に飾ることを求めて、それによって心の誠をいう者は、（その者の）心はやがて衰える。なにゆえにこのようなことを論ずるか。

和氏《かし》の璧《へき》（『韓非子』第四、和氏第十一にくわしく見える）は初めから五色によっていろどられていたのではない。隋《ずい》侯の珠《たま》（隋は随に同じ。随侯がヘビを助けた報いに得たという宝珠。『淮南子《えなんじ》』に見える）も銀や黄銅でいろどられていたのではない。その珠石は質（生地《きじ》）が至って美しい（みがいて初めてあらわれるもの）から、他の物によってこれを飾ることはいらぬ。

いったい物が外から飾るものによってそれらしく見えるのは、その質が美しくないからである。このゆえに父子の間では、その礼は樸《ぼく》（飾り気のないこと、木そのものと同じ）であって、心の内をたいせつにし、いたずらに外をとりつくろう紛飾（もったいぶった礼）をしない。ゆえに「礼は（忠信の）薄《はく》」という。

およそ物はすべて相並んで盛んになることはない。陰と陽とが互いに対立し（陰の盛んなとき陽は衰え、陽の盛んなとき陰は衰えているというように）相反して二つながら盛んとなり、二つながら衰えることのないのがそのあらわれである。理は互いに奪い予《あた》える。刑罰のような威と慶賞を与える徳とが互いに働く。心の実が厚い者はかたちにあらわすところは薄い。父子の礼がこれである。こうしてみると、外形にあらわす礼がむやみに多いと、心の内なる実がかえって薄いことになる。それゆえ、礼を行なう者は、人の樸心（ありのままの心）に通ずるよう心がける。ところが、多くの礼を行なう者は、相手がこれにこたえれば軽く喜び、これにこたえなければ相手を責め恨《にく》む。今の礼を行なう者は、人のありのままの心に通ずるよう心がけて、しかもそのために相手の応答を責め問おうとするから、争いはそこから起こる。争いがあれば乱れる。ゆえに「それ礼は忠信の薄なり。而《しこう》して乱の首《はじめ》か」（老子本文）という。

（実の）物に先だって行ない、（実の）理に先だって動く、これを前識《ぜんしき》という。前識は、実事に縁《よ》ることなくしてみだりに思いをめぐらす。なにゆえにこのようなことを論ずるのか。

詹何《せんか》（楚《そ》の人）という者がすわっている。弟子《でし》がそばにいる。牛が門の外で鳴いた。
弟子「あれは黒牛で、しかも白い額《ひたい》でしょう。」
詹何「その通り、あれは黒牛だ。だが白いのは角《つの》だろう。」

人をやってこれを視《み》させた。果たして黒牛だったが、白い布でその角をかぶせてあった。

詹子の術（実物を見ないで言い当てる術）をもって衆人の心をひきとめる。それは一見はなばなしい（華《はな》）が、しかし（臆測《おくそく》で物をいい当て、きっとこうだろうと決めてかかるのは、真実を定めたことにならないから）あやういものだ。ゆえに、「道の華《はな》」という。

試みに詹子の〝いい当て〟をやめて、（一〇歳ほどの）なみの童子にこれを視させても、またそれが黒牛で、布をもって角をつつんでいることがわかろう。ゆえに詹子が心をいため思いを凝《こ》らしていい当てたのと、なみの童子がはっきりと見定めたのと、その功は同じである。これを「愚《ぐ》の初め」という。ゆえに、「前識は道の華にして愚の初め」（老子本文）という。

いわゆる大丈夫とはその智の大なる者をいう。いわゆるその厚（心の内から行なうところ）に身をおいて、その薄（外見だけを飾るところ）に身をおかない者は、心の誠を行ない、かたちだけの礼を去る。いわゆる心の実なるところにいて、外を飾る華にいない者は、必ず理によって、みだりにいい当てや推《お》し測《はか》り（径絶《けいぜつ》）をしない。いわゆる、彼を捨てこれを取る者は、外形（貌《かたち》）と臆測（径絶）を捨て、理により心の実を行ないにあらわす。ゆえに「彼を去りこれを取る」（老子本文）という。

王弼《おうひつ》の徳論（老子三十八章の解釈）

徳は得である。常に身に得て失うことなく、物を利して害《そこな》うことがない。ゆえに徳という。何によって徳を得るか。道によりしたがって徳は得られる。何によって徳を尽《つ》くすか。無をもって徳は尽くされる。無をもって徳を尽くせば物の全体を載《の》せることができる。物を心にかけるところがなければ、かえって物はそれぞれに落ち着きを得る。物に心を患《わずら》わせば、生につきまとう情からのがれることができない。ゆえに天地は広大であるが、無をもって心とし、聖王は偉大であるが、虚をもって心とする。

天地は四時に変化するが、やがて反復して虚静に帰ることをみれば、天地の心がそこにあることを知る（すべて有は虚より起こり、動は静より起こる。天地は四時を軸として変化運動する。春生から夏盛となり、秋落を経て、

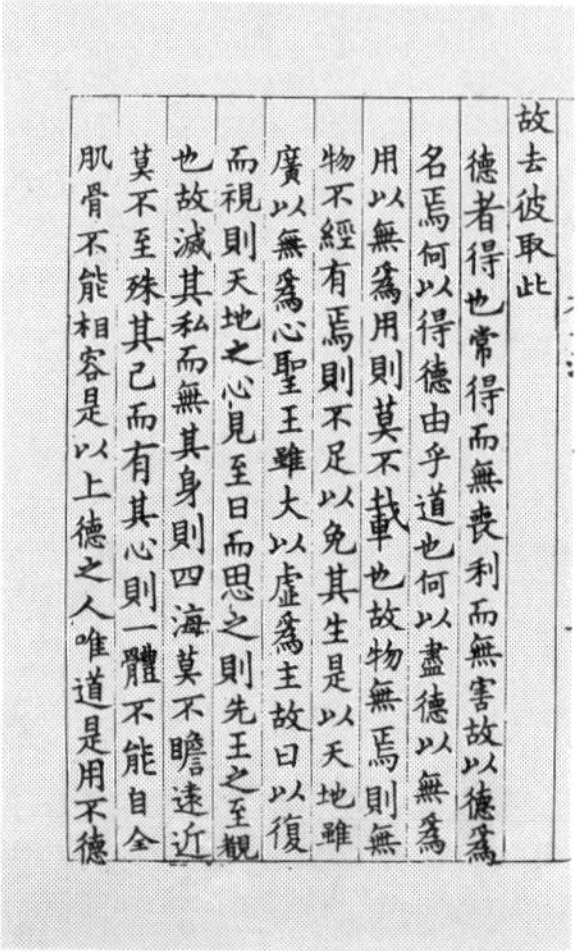
故去彼取此
徳者得也常得而無喪利而無害故以德爲
名焉何以得德由乎道也何以盡德以無爲
用以無爲用則莫不載也故物無焉則無
物不經有焉則不足以免其生是以天地雖
廣以無爲心聖王雖大以虛爲主故曰以復
而視則天地之心見至日而思之則先王之至覩
也故滅其私而無其身則四海莫不瞻遠近
莫不至殊其己而有其心則一體不能自全
肌骨不能相容是以上德之人唯道是用不德

『老子道徳経』第三十八章の王弼の注

冬には万物が密《みっ》に退蔵して虚静に復《かえ》る。この虚静に復ることにおいてこそ、そこに万物を兼ね包み、容《い》れ尽くすのをみることができる。天地の心とは、この虚静において万有を兼ね包んでいることである。）至日《しじつ》（冬至《とうじ》）において（冬至は日の最も短い時、陽動の最も衰えた時、すなわち至静なる時）天下の治政に思いをいたすのは、先王が民を観《み》る至高の態度である。

ゆえに「この私」を前に出さず、「この身」に拘泥《こうでい》することがなければ、四海の広さも見尽くすことができるし、遠近となく物のいっさいの在り方を見透すことができる。「このおのれ」だけをとくにとり出し、「このわたくし心」だけにかかわっているならば、一体もその自存をまったくすることができず、肌骨《きこつ》（身体の構成部分）も互いに相容《あいい》れ調和することができない（右の「この私」、「この身」、「このおのれ」、「このわたくし心」は、本文の「其私」、「其身」、「其己」、「其心」に当たることばである）。

このようにして、上徳を身に得た人は、ただ道により順《したが》うだけであって、自らに得た徳を徳として前に出さない。この物だけ、あの物だけをとりあげ用いることもなく、常に自らの為すべき全体を為し尽くす。ことさらに、あの事この事を為そうとせずして、成しとげることができる。だから真の徳は、在るべき全徳を得ているがゆえに、この徳あの徳と名づけることができない。

これに反して下徳は、物を求めようとしてこれを得、事を為そうとしてこれを成すから、これがよい、あれがよいと事あげして、それに順《したが》って（つまり、特定のものに対する価値の基準を自らつくって）物を治めようとする。ゆえにこの徳には名がつけられる。物を求めようとしてこれを得ればその物はやがて必ず失われる。事を為そうとしてこれを成せば、その成しとげた事はやがて必ず敗れる。これを善しとすれば、それに応じて、それは善くないということが出てくる。

ゆえに下徳は事を為そうとしてこれを為すが、ためにして為さない者はとくにこの事だけあの事だけを為そうとしない。およそためにしない（無為）で為すことのできないものは、すべてこれ下徳である。仁義礼節がこれである。徳の上下を明らかにしようとすれば、まず、下徳がいかなるものかをあげて、これを上徳と対比してみればわかる。徳の最上なるものは無為に至って極《きわ》まる。下徳は上仁といわれ、それはまた、徳の下なるものを示す。上仁は無為の徳を至高としてそこまで行きながら、あえて事を為し（ここが上徳＝無為の徳と異なる）、しかもその報いを求めない徳である。ゆえにこの上仁も完全なる無為でなく、そこには、有為がある。有為において事を行なえば患《わずら》いが生ずる。

徳の根本は無為にある。万有をそれにおいて在らしめ、それにおいて包通するもの、すなわち万有の母は無名である。本を捨て、母を捨てて、その子・末（個別的存在）にわれを傾けるならば、一事の功に大なるものがあっても、必ず全体を済《な》すことができない。物に美名があっても（名があればそれはすでに個物であるがゆえに）、そこにはまた必ず作為が生ずる。ためにしないで事を為し得ず、ことさら盛んにしようとしないで国を治めることができなければ、それは有為である。

広くあまねく施し、仁をもって人を愛すれば、その愛には偏《かたよ》った私心がない。ゆえに上仁は、仁徳をもって事を為すが（もうすでに上徳ではない）報いを求め、施してためにすることがない。さて、愛の働きがすべてを兼ねることができないと、これをおさえ、これをあげ、これが正、あれが真と、物に差別をつけて是非《ぜひ》善悪を義によって決める。曲を怒り、直を善しとする。あの物を攻め、この物を助ける。およそ義（物のあるべきすがた）によって事を処理する者は、この物あの事が心にかかっているからである。ためにする心（目的意識）がおのれにあるからである。ゆえに上義とは、初めから事を為そうとして、しかもそこにはためにする心がある徳である。

さて、筋が通っている状態をいっそう内外ともにすっきりさせようとして、それができないと余計な外飾を施し、礼をもってこれに当たる者がある。好《よしみ》を尚《たっと》び敬《つつしみ》をもって身を修め、かれこれを責めくらべてこれに呼応《こおう》がなければ、その間に忿怒《いかり》が生ずる。ゆえに上礼は初めからためにするところがあって、しかも相手がこれに応じなければ腕まくりしてでも自分の側に引き寄せようとする。

思うに、大の極なる者はただ道のみである。この道のみが尊ぶに足るものであってそれ以外にない。ゆえに徳を得ること盛んに、徳を行なうこと大で、万物をゆたかにたもっていてもそれだけではその徳をあまねく物に及ぼすことができない。天はいっさいを覆《おお》い、地はいっさいを載《の》せ、人はいっさいの物をそれぞれにおいて充足せしめることができない。すべて存在するものが価値ありと認められ、またそれがおのおのところを得て個別的な価値を有する（役だつ）ということは、実はその物（有）がそれにおいてあるところの無の用（働き）を前提としているからである。

すべて有は無において本来の働きをみる。而《しこう》して虚無は有為ではない。無為であるからこそ有を有たらしめる。無こそ物の本来の働きを秘めている。ゆえに無を捨てて有の体とすることのできるものはない。無を捨てて、それを有の体となすことができなければ、無をもって用となすの大たるを失う。これがいわゆる「道を失ってのち徳」（老子本文）である。

有は無によってある。有の有たるは、無の用＝働きによる。この働きこそ徳の母というべきものである。無の働きを徳とするとき、自ら労することなくして物は理《おさ》まり、おのおのその安全を得る。これより以外は万有の働きの本来の姿（用の母）を失う。すなわち、物のおのずから然《しか》るところに順《したが》うことなく、博《ひろ》く施すことを貴《とうと》しとし、博く施すことができずに正直を貴《たっと》び、正直なることができずに外飾りやうわべだけの敬《うやまい》を貴ぶ。これがいわゆる「徳を失ってのち仁、仁を失ってのち義、義を失ってのち礼」（老子本文）である。

ところで、礼は忠信篤《あつ》からず、人と人との心の交通が実現されないところから始まる。人に対しては徳の十分に備わっていることを求め、わずかな相手の不都合をも争ってこれを制し、ついには相手に求めるだけに終わってしまう。

仁や義は人の心のうちから発するものであるが、しかも、なお有為の心をもってすれば、そこには作為が生ずる。いわんや、礼は外飾につとめ、相手の外に現われた面のみをあげつらって互いに攻め合うのだから、そのような礼の徳が久しく変わらぬものであり得るはずがない。このようにして礼は、人の心のまことが薄れてきたときに要求されるもの、乱の初めである。

前識とは、人に先だって識《し》ること、下徳の倫《なかま》である。事に聡《さと》くして常に人に先だって識り、智力を用いて庶事を営む。そのような智の働きを徳としても、姦巧《かんこう》いよいよ密となり、その名声を豊かにしても、いよいよ内なる心の篤実を失っていく。身を労して事は敗れ、事に務めて治は乱れる。聖智を尽くして民生はいよいよ損《そこな》われる。おのれを捨てて物の自然に任ずれば、無為の化が行なわれて物は安寧《あんねい》を得る。かの素朴（不作為、自然）を守れば、典制にしたがわずして、彼の獲《と》るところを聴き、此の守るところを棄て、しかも物をして自足せしめることができる。

いったい、知識は道の華《はな》であるが、この物あの事についての知識は、全智でないゆえ、無為の道からいよいよ離れて、愚《ぐ》の初めとなる。ゆえにいやしくも功の母《もと》（万有の働きの根本＝無）を体得すれば、かえって万物生成の自然に任せ、万有の自存に任せて労することがない。事を行なうに形あるものをもってせず、物を禦《ぎょ》するに名あるものをもってしない。このようにしてこそ、そこに本来の意味での仁義が明らかにされ、礼敬があらわれる。物のいっさいを載《の》せ尽くすに大道をもってし、物のいっさいをおさめるに無名をもってすれば、あえてこの物あの物をあげて尚《たっと》ぶこともなく、この事あの事に心を傾けることもない。物の素直な正しさに任せ、心の誠実に順《したが》って事を行なえば、仁徳は厚く、行義は正され、礼敬は清い。万有を載せる道を棄て、万有がそれにおいて生成するところ（無）をおいて、形ある物を用い、その智の聡明を役すれば、仁は作為の、義は競いの、礼は争いの初めとなる。

　このようにして、徳を徳としない（老子のいわゆる無為の徳としての）仁の厚徳は、ためにする仁によっては得ることができない。あるべき行義の正しさは、ために行なう義によって得ることはできない。あるべき礼敬の清は、外に求める礼によって成しとげることはできない。道をもってすべての徳を載せ、母をもってすべての徳を統《す》べる。ゆえに徳を顕《あら》わして、しかもことさらにその徳を尚《たっと》ぶこともなく、徳を彰《あきら》かにして、しかも他と争い競うこともない。かの無名によるがゆえに名ある物（個別存在）は実在を得、かの無形によるがゆえに形あるものは個物を成すことができる。万有の母を守ってその子を存し、本を崇《あが》めてもってその末をあげれば形と名とはともに存して邪《よこしま》は生ぜず、至大の美はかの天の如《ごと》く、いっさいを覆《おお》って外飾の華美はおこらない。

　ゆえに万物はその生成の母を離れ、その働きの本を失うことができない。而《しこう》して仁や義はこの母（無為の徳）において初めてあるのだが、しかし、これらは母そのものではない。形器はそれを作る匠《たくみ》（無形無名なる道をさす）によって成るが、匠そのものではない（しかし匠の働きは形器に証示される）。母を捨ててその子を用い、その末につく。名は個物にかかるがゆえに、それぞれに分かれ、形は物を示すがゆえに個別に止まる。形器の大を極《きわ》めても、形ある大きさには限りがあって、全体を尽くすことはできない。盛美を極めても、形ある物の美には限りがあって、そこにはやがて憂患《ゆうかん》が生ずる。物の働きはその物だけにつき随《したが》うのであって、それに止まれば、万有の母としての道の働きは明らかにされない。

以上、韓非と王弼の『老子』三十八章の解釈、したがって、両者の老子における〝徳〟論の解釈をできるだけ平易に解明してみた。すでに述べたように、『老子』は道論と徳論を明らかにしているといってよいと思われる。そのうち徳論については、道論と同じく全篇いたるところに述べているが、わけても三十八章は、いわゆる道に衷《ちゅう》する無為の徳としての上徳と、作為にもとづく下徳についてのちがいを最も鮮明にしたものである。韓非も王弼もその注解において、この三十八章に最も力をいれたらしく、その叙述も最も長文である。これまた当然であろうと、うなずかざるを得ない。あるいは歴史的経過を考慮に入れれば、王弼はおそらく『韓非子』を読んでいたであろうから、『韓非子』解老《かいろう》篇における韓非の力の入れ方に触発されて、王弼も上徳と下徳にこのような長文の注釈を施したものとも考えられる。いずれにせよ、『老子』中における三十八章の重要性に読者は着目しておく必要があるように思われる。

聖人の徳

聖人と君子（老子と論・孟）

ところで、『老子』を読んでいて気がつくことは、全篇八十一章のうちに〝聖人〟なることばが非常に多く、ざっと数えただけでも全体で三一回ほど出てくる。そのうち、「是《ここ》を以《もっ》て聖人は……」の表現をとるものが二二回、「聖人は……」の表現をとるもの九回。三一回出てくるうち上篇では一一回、下篇では二〇回となっている。いまこれを表にしてみると次のようになる。（「是《ここ》を以《もっ》て聖人は……」の中に、五十七章の一か所だけ「故《ゆえ》に聖人いわく……」を入れてある。また「聖人は……」のうちには「聖人これを……」（二十八章）、「聖人の……」（四十九章・七十一章・八十一章）、「聖人また……」（六十章）などの表現をとるものも含まれている。）

表　　現	上篇	下篇	計
「是を以て聖人は……」	9	13	22
「聖人は……」	2	7	9
	11	20	31

このようなことをあげつらうのは、一見つまらぬことのように思われるかも知れないが、しかし、『老子』全体の主唱するところを合わせて考えると、それなりに意味がある。

すなわち、まず第一に、上篇一一回、下篇二〇回についてであるが、すでに述べたように、『老子道徳経』が上篇において主として道論を、下篇において徳論を主唱しているとするならば、聖人とは〝道の完得者〟〝理想的人格〟であるから、当然、下篇の徳論において、より多く聖人が完徳者として説かれなければならないことになるであろう。この意味において、『老子』が、道——徳経と称されるのは理由があるとともに、下篇により多く聖人が説かれているのもゆえありとされるわけである。このことはまた、上篇・下篇における「是を以て聖人は……」と「聖人は……」の内わけをみても知られるであろう。

第二に、「是を以て聖人は……」の方が、単に「聖人は〜の……」と表現しているよりもだんぜん多いことにも意味がある。『老子』における聖人は、いわゆる聖人一般ではなくして、老子説くところの道ないし徳の完得者・実現者として描かれている。「是を以て……」とされるのは、その前文において、たとえば、「戸を出でずして天下を知り、牖《まど》を闚《うかが》わずして天道を見る。その出ずること弥《いよいよ》遠くして、その知ること弥《いよいよ》少なし。ここをもって聖人は行かずして至り、見ずして明らか、為さずして成る。」（四十七章）のように、前提とする論理なり、人〜物のありかたが説かれ、さらにそれを受けて、「それ故《ゆえ》」「だから」「それで」「そこで」などと訳されるような意味のもとに「是を以て……」が使われているからである。したがって、かさねていうが、ここでの〝聖人〟は抽象的ないし架空《かくう》のものではなく、あくまでも老子の〝道徳論〟の具体的・

理想的体現者として説かれているのである。

これを『論語』に比較してみればきわめて明瞭《めいりょう》である。すなわち、『論語』においては、

「子曰《いわ》く、聖人は吾《われ》得てこれを見ず。君子なる者を見ることを得ばここに可なり」（述而《じゅつじ》第七）

「孔子曰く、君子に三畏《さんい》あり。天命を畏《おそ》れ、大人《たいじん》を畏れ、聖人の言《ことば》を畏る。小人は天命を知らずして畏れず。大人に狎《な》れ、聖人の言を侮《あなど》る。」（季氏第十六）

「子曰く、聖と仁との若《ごと》きは、則《すなわ》ち吾豈敢《あにあえ》てせんや。そもそもこれを為《まな》んで厭《いと》わず、人を誨《おし》えて倦《う》まざるは、則ち爾《しか》と云《い》うべきのみ。」（述而第七）

とあるように、"聖人"について語られるところはほとんど内容がない。『論語』は一万五九一七字あるといわれるが、"聖人"ないし"聖"という字の出てくるのは一〇回に満たない。その理由は、孔子が「述べて作らず、信じて古《いにしえ》を好む。」（述而第七）といっているように、古聖人（堯《ぎょう》・舜《しゅん》・禹《う》・周公など）はすでに孔子以前に出て、その制度文物を含む今人の学ぶべき鑑《かがみ》ないし遺教は示されているのだから、今さら自分が新しく教説を創造する必要はなく、もっぱらそれを祖述すればよいと考えていたこと。また、孔子にとっては聖

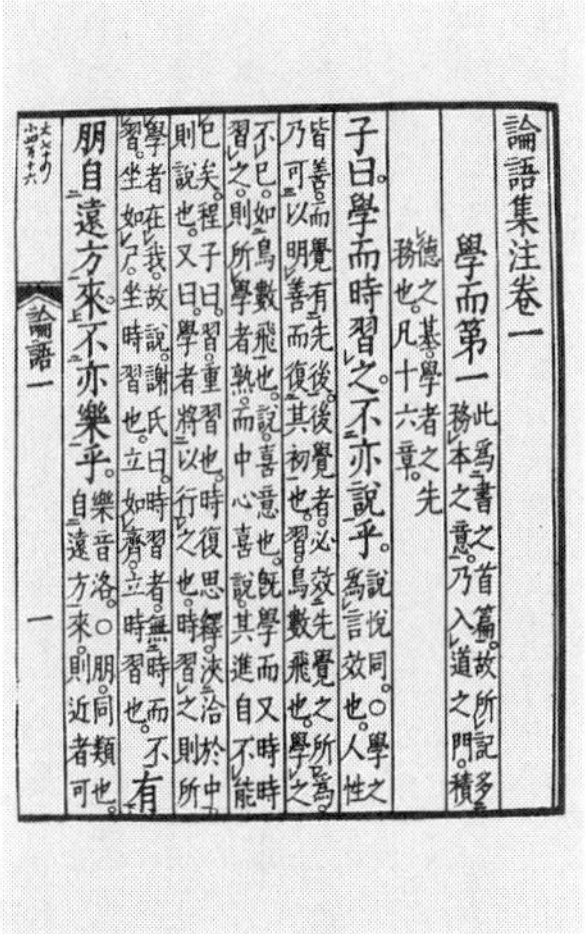
論語集注卷一
學而第一　此爲書之首篇。故所記多務本之意。乃入道之門。積德之基。學者之先務也。凡十六章。
子曰。學而時習之不亦說乎。說悅同。○學之爲言效也。人性皆善而覺有先後。後覺者必效先覺之所爲。乃可以明善而復其初也。習鳥數飛也。學之不已。如鳥數飛也。說喜意也。既學而又時時習之。則所學者熟而中心喜說。其進自不能已矣。程子曰。習重習也。時復思繹浹洽於中則說也。又曰。學者將以行之也。時習之則所學者在我。故說。謝氏曰。時習者無時而不習。坐如尸。坐時習也。立如齊。立時習也。有
朋自遠方來不亦樂乎。樂音洛。○朋同類也。自遠方來則近者可
論語一　一

『論語』　南宋朱熹《しゅき》の集注《しっちゅう》，仿宋《ぼうそう》本の日本刊

人のような、いわば絶対に到達できない無限追求の彼方《かなた》（しかし、追求しなければならないと孔子はいっていたのであるが）にある理想的人格を追い求め、思い描くよりは、現実に実践可能であり、到達すべき具体的努力目標である君子の在りかたについて述べたほうがよいと考えられていたこと（述而第七の前掲《ぜんけい》文）などによるものであろう。事実、〝君子〟ということばは、ざっと数えてみても全篇およそ一〇〇回にものぼるほど使われ、それぞれきわめて具体的にその内容（君子の在りかた）が述べられている。

〝聖人〟がわずか一〇回にも満たず、〝君子〟が一〇〇回にもわたって説かれていること、これはきわめて対照的であるとともに、『老子』と比べてみても、また際立《きわだ》った差異といわなければならない。さらに、『老子』が五〇〇〇言、『論語』が約一万六〇〇〇字。前者に〝聖人〟が三一回、後者に〝君子〟が約一〇〇回。これをみても、『老子』における〝聖人〟と『論語』の〝君子〟とは字数との割合からしてほぼ同比率で出されていることがわかるとともに、両者の重点をおいていた理想的人間像のちがいもここにあると知ることができるであろう。

次に『孟子』であるが、これも『論語』と同じように〝聖人〟ということばはあまり多くない。『孟子』は三万五三七四字といわれるが、そのなかで〝聖人〟が出てくるのはざっと数えて三一回、〝君子〟がやや多くて約六〇回ほど。ただし、『孟子』中には、〝堯・舜〟に関する記述がかなり多く、これに〝先王〟に関するものを加えると九〇回をこえる。そしてこれらのことばにこめられる内容を通覧すれば、『孟子』においては、〝聖人〟とか、〝君子〟とか、あるいは〝古の先王〟といわれるものの概念がかなり明確になる。

ここでは論述の主旨が異なるので、このことに関してこれ以上述べないが、右のことから次のようにいえよう。すなわち、『老子』には〝聖人〟なる用語が多いのに反して〝君子〟はわずか二回しか出てこないこと。これに反して『論語』では圧倒的に〝君子〟が多くて、〝聖人〟はごく少数。『孟子』は字数も多いが、〝聖人〟〝先王〟〝君子〟に関する記述が全体的に多く、孔子教学の祖述が徹底していること、などである。

いずれにせよ、『老子』中には〝聖人〟について述べられている部分がかなり多いことに注目し、以下において、それはいかなる理想的人格であるか、章を追って解説し、〝聖人〟の諸相を明らかにしてみよう。

無為の事に処《お》る

「聖人は無為の事に処《お》り、不言の教《おしえ》を行なう」（二章）

〈聖人は物のおのずからそうあるところにまかせて作為せず、ことばに出し口先であれこれと指示するような教えはしない。〉

ここでの聖人は無為、不言である。なぜこのようにいわれるかというと、その前文において、「人は皆美しいものを美しいとすることを知っている。しかしそれは悪《みにく》いものがあってのことである。人は皆善とすることを知っている。しかしそれは不善があってのことである。このようなわけで、有は無があって有であり、無は有があって無である（有は無を前提にして有たり得、無は有を前提にして無たり得る）。難《むずか》しいは易《やさ》しいがあるからこそ、易しいは難しいがあるからこそなりたつ。長いは短いがあるからこそ、短いは長いがあるからこそあらわれる。高いはひくいがあるからこそ、ひくいは高いがあるからこそ傾きが生ずる。声と音とは人の喉《のど》から出たものとそうでないものとの違いはあるが、互いによく和してこそ耳にひびく。前というときは後がこれにつき、後というときには前が先だつ。」とある。この意味は次の通りである。たとえば、美しいといい悪《みにく》いというも、それは美と悪が互いに相より相かかわっていて、そのどちらかをあげて、美そのもの悪そのものとすることはできない。もしどちらかだけをあげればそれはこだわりである。本来、比較相対の域を出ることができないものの一方をあげつらって、それにこだわることは、物の在りかたにすなおではなく、そこに作為が生ずる。善と不善、有と無、難と易、長と短、高と下《ひくい》、音と声、前と後……これらのように物事はつねにそれだけそのものだけで存在することはできない。これがものの自然である。本来、現実に存在するものはすべてこのように同じもの、通ずるもののうえにたって、〝あれ〟〝これ〟といっているだけのこと。互いに対立し向かい合っているということは、同じ地盤の上でいわれている。対立というときは統一を前提したうえで、統一というときは対立のあることを前提したうえでいわれるのである。

　だから、右にあげた諸々の対立はすべて〝同門〟〝同根〟のうえにいわれている。ものが対立し待ち合っているところ、そこにたてば、それがものの自然のありかたに、つまり老子のいう道に最もすなおである。それを、どちらか一方の立場にたち、どちらか一方をあげつらってそれにこだわれば、そこには作為が生ずる。ゆえに聖人は無立場の立場――無為のこと――にたち、不言の教え――教えとしない教えを行なうのである。

心を虚《むなし》くして腹を実《み》たす～無為の治

「聖人の治は、その心を虚《むなし》くしてその腹を実《み》たし、その志《こころざし》を弱くしてその骨を強くす。常に民をして無知無欲ならしめ、かの知者をして敢《あえ》て為《な》さざらしむ。無為を為せば治まらざることなし。」（三章）

＜聖人の治はその心をむなしくしてその腹をみたす。つまり、民の心を虚にすることによって、心に真智をいだかしめ、民の腹をいっぱいにすることによって、こざかしい知を働らかしめない。また、骨は身体をつかさどるものだから、その働きを十分に発揮させてこれを強くするためには、心を虚にして作為にはしりがちな志を弱くし、事を生じて混乱させない。常に民を無知無欲にしてその本来の生き方に落ち着かせ、こざかしいもの識《し》り（知者）にあれこれと手だしをさせないようにする。（聖人の治は）無為であるからこそ、あまねくゆきとどいて治まるのである。＞

これは老子流の無為の治～教化を説いたもので、この前文には「賢者を（賢者として）尚《たっと》ばなければ民を争わせない。手に入れがたい貴重品を貴ばなければ民に盗みをさせない。民の欲しがるようなものを見せなければ民の心を乱させない。」とある。すなわち、逆にいえば、政治を行なうものが、賢者《ものしり》を尊重するから、われもわれもと小ざかしい知恵を身につけようと争うし、人民にはとうてい手の及ばないような珍品を貴重するから、民はこれを欲しがり、ついには盗みをもする……ということである。

「聖人は不仁、百姓《ひゃくせい》をもって芻狗《すうく》となす。」

＜聖人はとくにいつくしむということをしない。百姓《ひゃくせい》を草で作った犬のように扱う。＞

これだけでは右の意味はよくわからない。前文には「天地は不仁、万物をもって芻狗となす。」とある。その意味は、天地はとくにものをいつくしみ育てようとする下心がなく、物がおのずからそう在る〜成るところ（自然）にまかせて無為であり、無造である。むしろそうであることによって万物はおのずから治まるべきところに治まる、ということ。それは、作為しない、手を加えない――ということによってかえって為し尽くしているから、一見不仁のようにみえる。

王弼《おうひつ》は次のように解釈する。本来（儒家《じゅか》者流の）仁を施す者は、必ず何かを作り施し化育するところがあるから、そこには恩があり作為が生ずる。作り施し化育すれば物はその本来の在りかた（真）を失い、恩があり作為があれば、物はその名とともに（つまり、個別存在として）存することができない。物が物として存在することができなければ、天は覆《おお》い地は載《の》せる働きを失う。そもそも、地は獣のために草を生じているのではないが、獣はちゃんと草を食《は》み、人のために狗《いぬ》を生かしているのではないが、人は狗を食っている。万物のために何もしてやらなくても、万物はおのおのその働きにかなって存在しており、少しも不足がない。もしも小ざかしい己《おのれ》の知恵で、物の個別存在をあれこれとさいはいすれば、物そのものの本来の働きを失ってしまうからそのようなやり方にはとても任せられるものでない。これが王弼の解釈であるが、「万物を芻狗となす」とは（芻狗とは草で作った犬で、祭祀《さいし》のときに用い、不要になればただちに何の顧慮《こりょ》もなく捨ててしまうもの）、万物に対してあたかも草で作った犬を要《い》らなくなったらぽいと捨てておかまいなしとするように、ほったらかし（不要な手を加えない）にしておくことである。

聖人は天地の無為の徳をおのれの徳とするから、百姓に対して何の作為もせず、個々人の落ち着くところに任せようとするのである。

この五章では、「聖人……」のあとに「天地の間は、あたかもふいごのようなものだろうか。その中は虚（からっぽ）で尽きることなく、動けばいよいよ出てくる。口数が多いと、はた目にはいかにも心の内や知識が、豊かなように見えるが、その実却《かえ》ってしばしば話に事欠いてつまる。外にあらわれる形にこだわることなく、わが心のうちを実にして守るにこしたことはない。」とある。

「聖人はその身を後《あと》にして身先んじ、その身を外にして身存す。その私なきをもってにあらずや。故《ゆえ》によくその私を成す。」（七章）

＜聖人はわが身のためにするところがないから、一見すると一歩退いてわが身を後にしているようでいて、しかも他人に先んじ、わが身のことを意に介していないようでいて、しかもわが身をおのれ自身としてなりたたせる。それは聖人に私心がないからではないだろうか。私心がないからこそ、かえってその私を存することができる。＞

「わが身を後にして身先んじ、わが身を外にして身存す。」とはまさに逆説（パラドクス）であるが、これまた、このようにいわれ得るための前提がある。すなわち、前文には、「天は長く地は久し。天地のよく長く且《か》つ久しき所以《ゆえん》のものは、そのみずから生《やしな》わざるをもってなり。故《ゆえ》によく長く久し。」とある。わが身のためにわれが養えば、それは己《おのれ》にかかわるがゆえにまた他のわれの自らを養うことと相容《い》れない。自らのために自らを養わないものこそ、他のすべてをしてわれに帰せしめることができる。天地の長久なるゆえんは、まさに自生（自ら養う）しないからである。全体、一般者の立場にたつ者は、個それ自身のためにたたないのである。

「聖人は腹のためにして目のためにせず。」（十二章）

〈聖人は腹のため、つまり内を満たして、目のため、つまり、外に目を向けて己《おのれ》を使役しない。〉

ここで聖人が「腹のためにする」とは、前項の「みずから生《やしな》わず」とするのと異なるように思われるが、それは矛盾ではない。それは前文にも「五色（白・黒・赤・青・黄）は、それに心を奪われると人の目を盲《めくら》にしてしまい、五音（宮《きゅう》・商《しょう》・角《かく》・徴《ち》・羽《う》）は、それに心を奪われると人の耳を聾《つんぼ》にしてしまう。五味（甘《かん》・鹹《かん》・酸《さん》・辛《しん》・苦《く》）は人の味覚を混乱させ、馳騁田猟《ちていでんりょう》（馬を馳《か》って走らせ、狩りをすること）の遊びに心を奪われると人の心を狂わせる。手に入れがたい珍品は、人の行ないをさまたげる。」とあるように、人の感覚を楽しませ、刺激するものは、それに心を奪われると、感覚を混乱させ、麻痺《まひ》させるばかりでなく、内なる心をも乱してしまうからである。ゆえに、ここでは、聖人は外の感覚に心を奪われて己を役するよりも内なる心を養うようにつとめるというのである。先項の「みずから生《やしな》う」は、自己を自己のために養うという作為の不可なるを説いたものと解すべきであろう。

聖人は一を抱く

「聖人は一を抱いて天下の式と為《な》る。」（二十二章）

〈聖人は一（道）を身の徳として天下の式《のり》（法・則）となる。〉

ここでの〝一〟は、十章の「営魄《えいはく》を載《の》せて一を抱き、よく離るることなからんか」の一と同じ。『淮南子《えなんじ》』

詮言訓《せんげんくん》に「一なる者は万物の本なり、無敵の道なり。」とあって、一は万物の本であり、無敵──向かいあうものなき道だとしている。王弼は「一は少の極なり」と二十二章で注しているが、ここでの一・少は形あるもの、数えられるものの一ないし少をいうのではなく、むしろ〝極〟に意味がある。すなわち、一は数の出発点でありながら、逆にまた帰着点でもあるから、一はもとを意味する。少の極とは、極微量なる物でなく、物形の極《きわ》まるところ、すなわち物形・物量を超えたところを意味する。いずれも〝一〟は、老子のいわゆる道を示していると解すべきであろう。

また、「天下の式」の式は、もと乗車の前にとりつけられた横木で、乗っている人が敬礼を行なうときに倚《よ》りかかるもの。それからして、則・法と同じく〝のっとる〟の意味。従って「天下の式」とは、天下万人のより順《したが》うべき範式をいう。

さて、この二十二章で「聖人は一を抱いて天下の式と為る。」とされる理由を、この文の前後の脈絡《みゃくらく》から説明しよう。前文では「曲なれば全《まった》し。枉《まが》れば直《なお》くし、窪《くぼ》ければ盈《み》ち、敝《やぶ》るれば新たなり。少なければ得、多ければ惑《まど》う。」となっている。くねくねと曲がっている木は使い物にならないから、伐採《ばっさい》されることなく、身を安全に保つ。また、曲がっているからこそまっすぐになり得るし、くぼんでいるから水を満たすことができ、着物などが破れるから新調する。得ようとするものが少なければ少ないほど本（もと）を得ることができ、欲深く多きを得ようとすればするほど本の真を遠ざかる、というのが右の文の意味である。王弼は、「曲なれば全し」に対して、「みずから見《しめ》さなければその明らかなところを余すことなく示し得る」といい、

「枉《まが》れば直くし」に対しては、「みずから是《ぜ》(正しい)としなければ、その是は却《かえ》って彰《あき》らかとなる」といい、「窪《くぼ》ければ盈《み》ち」に対して、「みずから伐《ほこ》らなければ却ってその功は保たれる」といい、「敝《やぶ》るれば新たなり」に対しては、「みずから矜《ほこ》らなければその徳は長く保たれる」といっている。これはそのまま本文の「是を以て聖人は……」の後に出てくる文章である。

結局、老子は、曲がっているもの、枉《まが》っているもの、窪んでいるもの、敝れたるもの、少なきもの、こういう物事の消極面において、かえって逆説的に物事の真〜根本があるとしたのである。つまり、消極・不作為・柔弱《にゅうじゃく》・素朴の中にこそ真の積極・作為ないし物の真があるのだとしたのは、老子における道がついに、自然そのもの、「無為にして無不為—為すなくして為さざるなし」をもって本旨としているからであって、このような道の性格・内容を完全に身に得ている者こそが聖人だというのである。

「聖人は終日行きて輜重《しちょう》を離れず、栄観ありと雖《いえど》も燕処《えんしょ》して超然《ちょうぜん》たり(奈何《いかん》ぞ万乗《ばんじょう》の主にして身をもって天下より軽しとせんや。軽しとすれば根を失い、躁《そう》なれば君を失う。)」(二十六章)

＜聖人は軍隊または旅行者が終日歩いても輜重《しちょう》(軍隊の兵站部《へいたんぶ》、ほろをかぶせ、食糧や武器を運ぶ車。『釈名』によれば、重い荷物を積み、その中で寝たり休んだりすることができる旅行用の車という)から離れないように、重い根本のところ(道)を離れない。また、はなばなしいにぎやかな場所があっても、自分ひとり静かにゆったりとして他のものにわずらわされない。こういうわけであるから、どうして万乗の主(兵車万台をもつ天子。一台に七五人の兵士、すべて七万五〇〇〇の兵を動かす)であってわが身を天下より軽くしてよいものだろうか。軽くすれば本を失

い、躁《さわが》しくすれば君（静）を失う。〉

聖人が重いものを離れないとするのは、この前文に「重は軽の根たり、静は躁《そう》の君たり」とあるにもとづく。すなわち、重いものと軽いものがあるとき、軽の上に重をのせればひっくり返る。重の上に軽をのせたとき初めて落ち着きを得る。ゆえに重いものは軽いものの根（もと）である。大は小を包み兼ねるし、さわがしいのは静かなる状態から発しているのだから、静が根本（君）である。王弼のいうように、すべて「行かざる者が行かしめ、動かざる者が動を制する。」そのように在る〻成るもとにたつこと、それが聖人の在りかたである。ゆえに聖人はつねにもとを離れない。

聖人の善行

「聖人は常に善く人を救う。故《ゆえ》に棄人《きじん》なし。常に善く物を救う。故に棄物なし。これを襲明《しゅうめい》という。」（二十七章）

〈聖人がつねによく人を救い、物をいかすのは、特定の立場にたち、限定された形式をもって人・物をその中に押し込めたり、一定の方向づけをしてからそれに合わぬものを区分けして棄て去るようなことをせず、また、人・物がおのずからそう在る〻成るところにすなおに順《したが》い、私意によって事を起こそうとしないからである。人それぞれの個別の在りかたをすなおに認め、この人を救ってやろうなどという有心をもたないから人を棄ててかえりみないということはない。また、物を救い生かすのは、物の自然にまかせるからである。聖人のこのような徳を襲明——常道に因順（よりしたがうこと）するという。〉

前の文に続いて「故《ゆえ》に善人は不善人の師、不善人は善人の資なり。その師を貴ばず、その資を愛せざれば、智と雖《いえど》も大いに迷う。これを要妙という。」とある。これは先にあげたように、聖人が人を棄《す》てず物を棄てず、すべての人・物を救い生かすことの説明である。すなわち、聖人は人・物の個別のおのずからしかる在りかたに順《したが》うのであるから、本来、善人だけをとり、不善人を棄てるということはない。それはすでに、二章の「天下みな美の美たるを知る、これ悪のみ。みな善の善たるを知る、これ不善のみ。故に有無相生じ、難易相成り……」において解説したように、正邪《せいじゃ》・是非《ぜひ》・善悪《ぜんあく》・美醜《びしゅう》と対立するものはすべて互いに相手を待ってそうされ、そう在るのだから、結局対立は統一においてあり、統一は対立を含んだものであった。対立するものどうしがおいて在る場所にたてば、それらはすべて同根・同門から出たものであった。その同根・同門ないし統一のところが老子の道であったことを想起してもらいたい。

そうすれば、善人は不善人の師であり、不善人もまた善人にとって反省の資となり得ることは当然であろう。老子は、いやそれは中国人のものの見かたに共通するのだが、人間の現実世界に起こる善不善、是非、正邪といったようなものは、すべて自己の一方の立場からみたり定めたりするもので、道に衷《ちゅう》するところからはこれすべて相対比較の域を出ないのだとする。まことに悠々《ゆうゆう》迫らぬ処世の態度であるとともに、そこにはまた超然として孤高《ここう》を守りつつ人間世界をアイロニカルな目で見ている姿がうかがえる。

さて、聖人のこのような在りかたがこの章でいわれることについては、前文との関連をもみる必要がある。すなわち、前文には「善行に轍迹《てっせき》なく、善言に瑕謫《かたく》なし。善数は籌策《ちゅうさく》を用いず。善閉は関楗《かんけん》なくして開くべからず。善結は縄約《じょうやく》なくして解くべからず。」とある。ここでの善行とは、およそ物の自然〜在りかたにすなおに順《したが》ってゆく行為であるから、物はそのまま、何らの手をも加えられていない。したがって、そのような行為には作為の跡がない。善言にきずあとがないのも、それが物の性に順っていて、とりたててことあげもせず、いわゆる「不言の教え」を行なうからである。善き計りごとには算木などを用いない。物の数＝自然の運行に身を任せてしまえば、とりたてて計りごとをめぐらさなくとも物は落ち着きを得るからである。ほんとうによく閉めてあれば〝かぎ〟や〝かんぬき〟がなくとも開けることはできないし、よく結んであれば、縄《なわ》でもって物を縛《しば》りつけておかなくても解ける気づかいはない。これが右の意味である。要するに、物の自然に任せ、私心をもって作為を施さなければ、それが老子の〝善き行ない〟〝善きこと〟なのである。したがって、ここにいわれる〝善行〟〝善言〟〝善数〟〝善閉〟〝善結〟の善は、先の善人と不善人、あるいは是非、善悪の場合の善とは異なる。それらは常に相対的なものであったが、ここでの善は、道そのものの実践にかかわるか、ないし実践によって道を証示《しょうじ》するところにかかわる。先の善不善、是非が物の個別にかかわるのに反して、ここでの善は道という一般者・普遍《ふへん》者にかかわる。

相待のもとにたつ

「聖人は甚《じん》を去り、奢《しゃ》を去り、泰《たい》を去る。」（二十九章）
〈聖人は（常《じょう》）度《ど》を超えない、気ばらない、おごらない。〉

このような聖人の態度は、すでに述べたところからも当然の帰結として理解できるであろうが、二十九章の次の前文から考えてみよう。

「将《まさ》に天下を取りてこれを為さんと欲す。吾その得ざるを見るのみ。天下は神器なり。為すべからず。為す者はこれを敗《やぶ》り、執《と》る者はこれを失う。凡《およ》そ、物あるいは行《すす》みあるいは随《したが》う。あるいは噓《つ》みあるいは吹《は》く。あるいは強くあるいは羸《よわ》し。あるいは載《の》せあるいは隳《おと》す。」その意味は以下の通り。将《まさ》に天下を取って思い通りにしようとする者は、おそらく天下を取ることはできまい。天下は神器（形なき器。区切りもなく、体もなく、変化して測《はか》られず、人力のいかんとも治めることのできないもの）である。万物はおのずからそのように在る。ゆえにこれに因《よ》り順《したが》うことはできるが、作為してこれに手を加えることはできない。作為すれば物の自然（常性）を破り、また変化往来して在るもの・ことのどこかに固執すれば物の真を失う。およそ物は、前に進むものがあるから後につき従うものがあり、口をつぐむことがあるから口をあけるということがあり、強いものがあるから弱いものがあり、載《の》せるから落ちることがある、――というように、常に対立し向かい合い待ち合って存在し、それのどちらか――どれかをのみ分けてとりあげることはできない。

物はすべて往来・逆順・反覆《はんぷく》・強弱・盛衰というように、かれとこれとかかわり合っている。これが物の自然である。したがってそのかかわり合い（相対・相待・相依）そのもののところにたって、かかわり合いのどちらか一方の側にたたない、――それが聖人である。だから、聖人は度をこえず、気ばらず、おごらない。もし度をこえ、気ばり、おごれば、それはすでに右に述べたような物のかかわり合いそのもの、つまり、物の自然を失うことになるからである。

「聖人は行かずして知り、見ずして名《あき》らか、為さずして成る。」(四十七章)

〈聖人はそこへ行かないでも知ることができ、見ないでも明らかに察することができ、作為しないでも事を成す。〉

聖人のこのような徳は、『荘子』知北游《ちほくゆう》篇のいわゆる「不知の知」である。あるいは不察の察であり、無為にして無不為である。それはなぜか。四十七章の前文は次の通り。

「戸を出でずして天下を知り、牖《まど》を闚《うかが》わずして天道を見る。その出ずること弥《いよいよ》遠くして、その知弥《いよいよ》少なし。」王弼はまことに明快な解釈をくだしている。すなわち「事には宗《もと》があり、物には主とするところがある。事物の具体存在のしかたは種々様々《さまざま》であるが、もとをたどれば帰一するところは同じである。ものの見かたや考えかたはいろいろできるが、つきつめていくと一に帰する。およそ存在するものの存在のしかた(ここでは物の自然)が道であってみれば、それは時間・空間を超《こ》え、物・事の様々《さまざま》な変化を包むがゆえに〝常〟である。もののことわりは個々の事物についてあるが、ことわり(理)の全体は一に帰する。だから大常としての道、大致としての理を得、そこにたつならば、先人(古)の得た道(もののありかた)によって今の事を処理することができ、また今の道理によって古《いにしえ》を知ることができる。ゆえに戸から出、窓からのぞかずとも天下を知り天道が見えるはずである。」とある。個々の物、個別の立場にこだわっていては、物の全体の在りかた(道)を得ることができない。逆におよそある物の在りかたが体得されたならば、個別の事象はおのずから明察できる、というのが本旨である。「万事は一事に帰し、一事は万事に通ずる。」といわれるが、この一事こそ〝道〟そのものである。

百姓《ひゃくせい》の心をもって心と為す

さて次には、章全体が聖人を論じている四十九章を紹介しよう。

「聖人は常心なし。百姓の心をもって心と為す。善者は吾これを善とし、不善者も吾またこれを善とす。善を徳とすればなり。信ある者は吾これを信じ、不信なる者も吾またこれを信ず。信を徳とすればなり。聖人の天下に在るや歙歙《きゅうきゅう》として天下のためにその心を渾《まじ》う。百姓は皆その耳目《じもく》を注《そそ》ぎ、聖人は皆これを孩《か》ぬ。」（四十九章）

〈聖人には先得の固定した我心《がしん》というものがない。（鏡に写る形に固定したものはなく、鏡は写る形だけを形としてあらわすように）百姓の心をもってわが心とする。世にいわれる善き人はすなおに善いとし、また善くないといわれる人もこれを善しとする。それは聖人が道に即した真の善を身に得ているからである（すでに二章にもあったように、世のいわゆる善と不善とは、互いに不善あって善あり、善あって不善ありというように、相対的でしかない。善と不善とが成り立つところ、そこにたてば、善も不善も帰を一にし、根を同じくする）。信（まこと）ある者はこれを信じ、不信（まことなき）の者もまたこれを信ずる。それは本当の道に即した信を身に得ているからである。聖人が天下の事に臨んでは、我心をもって分別するところなく（歙歙《きゅうきゅう》として）よく天下のために心をまじえて固く執《と》らない。百姓は皆その耳目を集め注いで是非善悪を決めようとするが、聖人は事の因《よ》って成るところにこれを兼ね合わせ（孩）る。〉

「聖人は常心なし。百姓の心をもって心と為す。」は、まことに老子における聖人の態度を最も端的に語ったものといえよう。老子においては、〝常〟という字はしばしば道に即して使われてきた。常道・常名・常無欲・常有欲・常徳などはすべて形名をこえ、個別の多様を一におさめ、万象の変化を包んだ〝常〟であった。常とは固定した不変をいうのではなく、替わり変わること、つねなきことであった。ここでいわれる〝常心〟はもちろん右の意味でなく、何かの視点、よりどころを内にもった、いわば有為の心である。そういう有為の心を捨て去ったところに、やはり今までいわれてきたような自然に因順（よりしたがう）する無為の態度が現成されるのである。

ところで、先に三十八章の上徳・下徳について解説したとき、韓非と王弼のこの章の解釈を紹介し、とくに両者のこの部分の注は最も詳細をきわめていることを付言しておいた。王弼についていうならば、二番目に詳しい注が、実にこの四十九章の聖人に関する部分に対して施されているのである。若き王弼の力の入れどころが、注文の長短によって決定的に明示されているとはいえないにしても、この章の注釈——というよりは彼自身の聖人論といったほうがよいかも知れぬ——にかけた情熱というか意欲というか、それはこんにちのわれわれにも読み取れるように思える。

王弼の解釈

よって、以下にこの章の王弼の解釈を紹介しておこう。

「聖人があの物この物をとり合わせなごめて無為の道に包み兼ねるのは、あたかも無欲素朴なる嬰児《えいじ》の如《ごと》きものである。そもそも天地はそれぞれに高いと低いとに位をもち、聖人はその中に在って全能の人となる。人とまじわり鬼（無形なる気の働き）とまじわる。『百姓が能ある者に与えるとは、能《あた》える者にはこれを与え、資《と》る者にはこれを取るということ。能《あた》えること大なればこれを大とし、資ることたかければこれを貴とする。』（『　』内の原文は筆者に読みきれない。今、一応こう解しておくがそれでも落ち着かない。）

およそ物には宗《もと》とするところがあり、事には主とするところがある。もしこれを身に得れば、冠のたれが目の前にさがっていても、それによって欺かれることはなく、黄綿の耳ふさぎが耳を塞《ふさ》いでいてもその慢《なまけごころ》を戚《いた》むことはないであろう。またどうして一身の聡明を労して百姓の情《こころ》を明らかにするようなことをあえてしようか。とらわれた心（明）をもって物を明らかにしようとすれば、物もまた競ってそのとらわれた心に応じようとする。不信をもって物を明らめようとすれば、物もまた競ってその不信に応《こた》えようとする。

天下の人の心は必ずしも同じでない。それに応ずるのにとりたてて異なるところがなければ、別にその情《こころ》を用いることもない。害のはなはだしいこと、とらわれた明察を用いるより大なるはない。智《ち》の働くところに在《あ》れば人はこれと訟《あらそ》う。力を用いるところに居《お》れば人はこれと争う。その智が相手の智に因《よ》って出るのでなくして訟いの場にたてばゆきづまる。その力が相手の力に順《したが》って出るのではなくして、争いの場にたてば危《あぶな》い。

いまだ人をしてその智力を己《おのれ》のため用いることのないようにさせる者はいない。そのようであれば、己はひとりで相手に敵《あ》たり、相手は千万人をもって己に敵たるであろう。もしも（私意をもって）法の網を多くし、刑罰を煩《わずら》わしくし、人の通路を塞ぎ、人の静かな落ち着きの場を攻《おか》すならば、万物はその自然を失い、百姓は手足のおきどころがなく、鳥は上に乱れて飛び、魚は下に乱れて泳ぐ。

このゆえに、聖人が天下に臨むや、歙歙《きゅうきゅう》として心に主とする（固執する）ところなく、天下のために心を和《あ》える。その心にはとりたてて可《（よし）》とするところもなく不可《（よくない）》とするところもない。（目くじらをたてて）察《あき》らかにすることがないのに、百姓はどうしてこれを避けようとするか。（ことさら）求めることがないのに、百姓はどうしてこれに応《こた》えようとするか。避けることもなく、応えることもなければ、百姓はひとりひとりそれなりにその情《こころ》を用いる。人は皆その能《（できる）》とするところを捨ててその不能《（できない）》とするところを行ない、その長とするところを捨ててその短とするところを行なうようなことはしない。

このようであれば、言《い》う者はよく知っていることを言い、行なう者はよくできることを行なう。百姓は皆それぞれ耳目を物事に向け是非善悪に決着をつけようとするが、聖人はただこれを兼ね合わせるのみである。」

以上が王弼の解釈である。右のうちとくに「それ智に在りては則《すなわ》ち人これと訟《あらそ》い、力にありては則ち人これと争う。智、人に出でずして訟地に立てば則ち窮す。力、人に出でずして争地に立てば則ち危し。」と王弼がいっているのは、まことに明快な論理であるとともに、〝ものに順《したが》う〟無為の姿勢がいきいきと描かれていることを知るであろう。

ものの自然に順う

以上によって、〝聖人〟とは要するに、老子のいう自然に順うところに実現される道の体得者であることが明らかである。自然に順うことが道の実現であるというとき、その自然とは、すでにくり返し述べたように、いわゆる nature でなく、ものがおのずからそう在る～成るということであった。だから、ものに順《したが》うということは、おのれの私意によってものを自己の内に持ち込むことでなく、むしろ逆に、自己をものの中に投げ入れることである。自己を投げ入れるとは、自己をものの中に埋没せしめて自己が盲目になることではなく、ものの自然の中に自己を（自己が）みることである。自己をもってものを御さないことである。自己を自己として確立しながら、しかも自己の外なるものと一体となる——それがものに順うということである。ものは我に制せられ、我はものに制せられる。自己を忘れることによって、かえって自己が生き、ものを生かす——そこに無為の徳が完成される方途があるといえよう。

聖人とは、『老子』においては、結局右に述べたような、道の無為・至虚・静篤を身に完得した理想的人格である。以下に掲げる聖人の在りかたも、表現はいろいろになされるが、要はその帰するところ、〝無為の徳〟であることに違いはない。

「聖人はついに敢《あえ》て大きなことを成そうとしないから、その行なったところは偉大である。」

「聖人はやさしいことでもなおこれをむずかしいもののように扱うから、ついにむずかしいことがなくなる。」（六十三章）

いったい、道を修めた人は、無為を居とし、とりたてて事あげせず、味《あじ》なきところを味わう。これが物を治する至高の態度である。また、天下万人の意思の帰趨《きすう》に思いを致し、私意をもって、大小多少の怨《うら》みごとをはらそうとせず、これに報いるに徳をもってする。むずかしいことはまだ易《やさ》しいうちに処理しようとし、大きな事件はまだ小事のうちに治めてしまう。およそこの世の難事も、もとは必ず平易なことから起こり、大事も必ず細事から生ずるからである。また、軽々しく引き受けるようなところには心の誠実さはみられないし、事の成り行きを甘くみるから必ずそこには困難が生ずるのである。聖人がよくその大を成し遂げ、難事を未然に防ぐことができるのは、右のような事の理をよくこころえているからである。

同じように、六十四章では「およそ事はその安泰《あんたい》のうちに危きに陥ることを忘れなければ維持しやすく、まだきざしを見せないうちに治めれば容易である。脆《もろ》ければ分けやすく、微《かすか》であれば散らしやすい。まだそうならない（本文の〝未有〟は事がないという意味よりは、あれこれの事・物としての形体をとらない前、すなわち道――もとのところに居ることであろう）ところに居を据《す》え、いまだ乱れないうちに治める。ひと抱《かか》えもある木も生《は》えかわったばかりの細毛の先ほどの芽から生成したものであり、九層ほどの高台も少しずつ積みあげた土からできあがり、千里の旅も足もとから始まる。作為すれば事を誤り、固執すれば物を失う。」とあって、いわゆる、事のあらわれる以前に思いを致し、事を為すべきことを説いている。

しかし、ここでいっていることは、世のいわゆる「ころばぬ先の杖《つえ》」というが如《ごと》き、便利主義・便宜主義的方法論ではなく、〝朕兆《ちんちょう》未分以前〟のところに人が居を守り、物事をそこにおいて処理する深い意味をもった姿勢を説いているのである。すなわち、くり返し述べたところからも知られるように、物―事のすでにあらわれている世界は、つねに是非・善悪・正邪から始まって盛衰・消長・高下・難易など、すべて相対的の世界である。そのような相対の世界に住して（現実的にはこの世界以外に住むべき世界はないのだが）、そのどれか一方、一つの立場で物事を処理するならば、必ず事は敗《やぶ》れる。そこで聖人は物事の相対が成りたつとこ

ろにたとうとするのである。ゆえに、六十四章では、右の前文に続いて、

「聖人は作為をしない。事を敗らず物にこだわらない。故《ゆえ》に失うことがない（世の人は事を為すに当たって、常に事の成るか成らぬかの分かれ目―幾―のところで失敗する。事の初めはだれも慎しむものだが、終わりもまたそのようであれば事は敗れない）。そこで聖人は不欲に徹し、手に入れがたい物を貴いとしない。不学（あれこれの事物の知識を得ようとしないこと）に徹し、衆人の歩み去ったあとを歩む。そして、万物のおのずからそう在る〜成るところに順《したが》うことによって、却《かえ》ってこれをたすけ、私意による作為をしない。」

と述べられているのである。

さらにまた、六十六章には「大きな川や海が百谷《もろもろのたに》の王となるのは、それよりも下った位置にあるからである。故によく百谷《こく》（の水を集めてそ）の王となってこれを集めることができる。民の上に立とうとするならば、必ずまず言葉からして民にへりくだり、民に先立とうとするならば、必ずまずわが身を民の後に置く。そうすれば、聖人が上に居ても民はこれを重く感じない。民の前に立っても民はこれを邪魔《じゃま》としない。こうして、天下の人民は聖人を推《お》し戴《いただ》くことを楽しんで厭《いと》わない。聖人には人と争うことがないのだから、天下にこれと争う者はいないのである。」とあって、ついに聖人は、その治政においても無為の徳を前面にあらわすことが説かれている。このようにして、われわれは、今や〃聖人〃そのものの在りかたから進んで、『老子』における政治論に移行しなければならないであろう。

治政——聖王の治

徳治国家

すでに述べたところにも老子の政治論は散見されたし、また無為の徳が政治において施されたとき、いかなる徳治が実現されるか、およそ理解できるであろうが、以下において何章かをとりあげて具体的に検討してみよう。そもそも古代では、ギリシアにおいてもそうであったが、政治と倫理ないし道徳とは不可分離的に説かれ、別のものとは考えられていなかった。古代中国においては、〝文化〟という場合の「化」が「上に道が行なわれて下がこれに化育されること」という意味であったように、文化の向上は、もっぱら政治を行なう者の態度・方策に負わされていた。文化国家とか文化的とかよくいわれるが、文化とは政治がよく行なわれ、人民が社会生活のうえで政治を意識することのないような状態でその日常を平安に過ごすことができるのを願いとされていた。そのような平安な生活が行なわれるのは、政治が社会のすみずみまで行きとどき、ひとりびとりの言行が誠実であるようにしむけられることが前提とされていたからである。

孔子や孟子が春秋・戦国の世に諸国を巡り、為政者たちに説いたのは、要するに徳治国家の実現であった。その説き唱道《しょうどう》した積極作為の政治論と老子説くところの政治論とはニュアンスにおいて異なるにしても、人民の安寧《あんねい》を願う根本が治政におかれていたことに違いはない。以下に『老子』の政治論を述べよう。

道により順う政治

まず六十二章には、

「道は万物の奥《かなめ》、善人の宝、不善人の保《たの》むところなり。美言はもって市《か》うべく、尊行はもって人に加うべし。人の不善なるも、何の棄《す》つることかこれあらん。故《ゆえ》に天子を立て、三公を置き、拱璧《きょうへき》もって駟馬《しば》に先だつことありと雖《いえど》も、坐《ざ》してこの道を進むるに如《し》かず。古《いにしえ》のこの道を貴ぶ所以《ゆえん》のものは何ぞや。もって求むれば得られ、罪あるももって免るといわずや。故に天下の貴となる。」

とある。道は万物を容《い》れて余すところなき奥深い蔵である。それは（道を知る）善人にとっては宝であり、（道を知らぬ）不善人にとってもそれに由《よ》りそれを恃《たの》みとして存在するところのものである。（なんとなれば、万物は人をも含めて道に由って在り、道において在るところのものだから）道に由り順《したが》って発せられる美言は、珍宝がだれからも買い取られていくように、万人に受け容れられ、道に由り順う行為は徳として尊敬され人に及ぼすことができる。人の不善も道に由ってあるところからみればどうしてこれを棄《す》て去ることがあろうか。ゆえに天子をたて三公（為政のための最高の三つの官位）を置いて政治を行なおうとする場合、両手の指を合わせるほどの大きな美しい玉を四頭だての馬車よりも先にして献上することもあるが、それよりもこの道を（天子・三公に）進めるにこしたことはない。古からこの道を貴び守ってきたのはなにゆえかというと、道に由り順って求めれば得られ、罪ある者も道に由り順うところからはゆるされて免れるといっているではないか。このようにして、道は万物の大宗《おおもと》としてあらゆるものを覆《おお》い、また載《の》せて余すところがないから貴ばれるのである。

これがこの章の解釈であるが、重要なことは、天子・三公をたてて政治を行なう場合でも、他のあらゆる美玉や駟馬《しば》を手に入れるよりも、道に由《よ》り順《したが》うことが最も貴重だとされている点である。すでに述べたように、道においてみれば、世のいわゆる善不善・是非・善悪もすべて相対的なものである。道に由り順わないから人は一方の立場、自己の主張にこだわって、互いに相手を非難する。道の体得による政治は、善人はその道に由って宝を得るし、不善人もまた罪を免れることができるというのである。

さて、右の六十二章とならんで、老子政治論の根底をなすものに三十七章がある。これはすでに道の解説の部分でも紹介したので重複をさけて簡単にふれておこう。

「道は常に為すなくして為さざるなし。侯王もし、よくこれを守らば、万物まさにおのずから化せんとす。化して欲作《おこ》らば、吾まさにこれを鎮《しず》むるに無名の樸《ぼく》をもってせんとす。無名の樸は、それまたまさに無欲ならんとす。不欲もって静なれば、天下まさにおのずから定まらんとす。」

道がつねに無為であるときは、王弼のいうように、つねにものの自然に順うことが道であって、ものの自然とは、ものがおのずからそう在るし成るところであるから、それにすなおに順えば、あえて作為することなく無為であり得るということである。道はものから離れて存在するのではなく、ものの自然そのものが道であるから、道はまた無為ということによっていいあらわされるのである。そして無為であることが、よく万物の個々をしてそれぞれなりに落ち着きを得させ化育せしむるゆえんであるから、「為さざるなし」というのである。

したがって、侯王（天下に王たる者）がこの道を篤《あつ》く守り、道を体現すれば、そこには無為の徳によって万民をすべて化育する治政が実現するというのである。さて、侯王の無為の治によく万民が化せられてもまたそこに欲がおこる。そうすれば王者は、まだ何の作為も加えてない木そのまま（無名の樸）のような無為の道によってこれを鎮《しず》めるであろう。無名の樸（道）によって万民が治められれば、おのずから万民も無欲となるであろう。無欲（不欲）であれば天下はまたおのずから安定を得る。これが三十七章の意味である。

無為の政治

同じく無為をもって天下をとるべきことが、四十八章に述べられている。

「学を為《おさ》むれば日に益《ま》し、道を為むれば日に損す。これを損しまた損し、もって無為に至る。無為にして為さざるなし。天下を取る（もの）は常に無事をもってす。その有事に及んでは、もって天下を取るにたらず。」

学問を修めれば日々にその知識技能を益すが、道を修める者はかえって日々にこれを減らす。減らしに減らしてついに無為に至る。こざかしい知識や技能を働かせず、無為を守ればかえって全体を為し尽くす。このようにして、天下をとってこれを治めようとするものは、常に何事に対してもこれをあえて事あげせず、事の自然のなりゆきに因り順《したが》おうとする。それゆえ、自己の私意によって事を為そうとするものは、道（もと）を失って天下を治めるにたらない。

儒家の立場が洒掃応対《さいそうおうたい》進退から礼楽射御《しゃぎょ》書数に至るまで学問にはいる姿勢・態度を厳格にしつけようとしたのに対して、老子流の立場においては、むしろ、学問による知識や技能を日々に減らすべきことが説かれる。しかし、このことは学を廃し無学文盲になれといっているのではない。この事を知り、あの事ができるといった部分的の知識・技能ではとても天下を治めることができないから、ひとまずそのような部分、個別にわたる知をひっこめ、ものの全体を覆《おお》い載《の》せるところ、すなわち万物の宗《もと》としての道に衷《ちゅう》することによって全体の立場にたった無為の徳治が実現できることを説いているのである。それにしても、ものの自然に順《したが》うことが無為の道を体現するゆえんだという論理は理解できても、〝ものの自然——ものがおのずからそう在りし成る〟とは具体的・日常的な場でいかなることをいうのか、やはり、きわめてむずかしい。それは、先ほどの学を廃し無学文盲になることが〝減らす〟ことの真義でないのと同様に、〝ものの自然に因り循《したが》う〟とは、もののなりゆきを放置し、それを放任することではあるまい。そういうところから、『老子』では具体的に無為の徳をいろいろの角度から明らかにしているのである。たとえば、すでにあげた四十九章の「聖人に常心なし。百姓の心をもって心となす」などは、さらに百姓の心とは何かが残るにしても無為の治の具体的方途を示したものといえるであろう。その意味では、次の五十七章などもこれに関連して説かれているとみることができる。

「正をもって国を治め、奇をもって兵を用い、無事をもって天下を取る。吾何《われなに》をもってその然るを知るや。此をもってなり。天下に忌諱《きき》多くして民弥《いよいよ》貧しく、民に利器多くして国家滋《ますます》昏《くら》く、人に伎巧《ぎこう》多くして奇物滋《ますます》起る。法令滋多くして盗賊多く有り。故《ゆえ》に聖人云う。我無為にして民自《おのずか》ら化し、我静《せい》を好んで民自ら正しく、我無事にして民自ら富み、我無欲にして民自ら樸《ぼく》なりと。」

これが正しいとするところを民に示して、それにもとづいて政治を行なう（そうすると為政者はあらかじめひとつの立場を決めてとり、それに合うものを正とし、合わないものを不正とするから、老子の政治論からすると天下はとれない）ことがあり、奇（よこしまな奇策）をもって兵を用いる（自らの徳が天下のすみずみまで及ばないから、作為的な奇策を用いざるをえない）ことがあり、無事（不作為）をもって天下を取ることがある。私にどうしてこのような政治のありかた（正治・奇用・無事をいう）がわかるかというと、それは以下のことによる。（すなわち）天下にはばかりさけることが多いと民はいよいよ貧しくなり（禁令ばかり多くして人民の生活は自由にできない）、民にすぐれた器材が多くなると国家はますます暗く弱まり、人民の技能が高まるとかえって巧偽《こうぎ》が生じ、法令が多く出されるほど盗賊はしげく出る。それゆえ、聖人は次のようにいった。我が無為の治を行なうことによって民はおのずから化育し、我が静篤《せいとく》を好み守ることによって民はおのずから正され、我に作為なくして民はおのずから富み、我が無欲であってこそ民はおのずからありのままでいる、と。

これが五十七章のいうところである。要するに道をもって国を治めることが、王弼《おうひつ》のいう〝本を崇《たっと》んで末を息《やす》んずる〟ゆえんであって、聖人の治としての無為・好静・無事・無欲がその目《もく》である。正をもって国を治めることも、奇策を弄《ろう》することも、それらはすべて本をおき忘れて末にかかずらう作為のあらわれである。それゆえに国に忌諱《きき》するところが多くなり、人民に利器・技巧が生じ、法令しげくして治国の実があがらないのである。

善悪の成りたつところにたつ

老子の道は是非・善悪・正邪その他あらゆる相対の成りたつところ。それらが互いに相待ち相依り相支《ささ》え合っているところ。つまり事の生ずるもと、あらゆる対立相が一に復帰するところであった。それはいみじくも、道が、もののおのずからそう在り〜成ることそのものとされ、個別存在がそれにおいてあるところの、いわば形而上的な場所とされたからであった。ものの自然そのものであるがゆえに、それはいっさいの事物を包摂《ほうせつ》し得、いっさいの根源ともいわれ、道の働き的性格ないし徳の見地からは、自然に順うがゆえに無為とされたのだった。それゆえ、道に衷《ちゅう》し、道を体得している立場からすれば（それは必然的に無立場の立場ともいわれるべきものだが）、ものはすべて、それ（道）においてあるところのこのもの・あのものであって、それ（道）へ向かえば作為やこざかしい物事に関する知恵は消え去っていっさいを同仁視することができるが、あのもの・このものにのみこだわり着目しているとそれとしてのものとを忘れ、末を追い求める結果になる。そのような意味をこめて説かれているのが、前の五十七章・六十二章・六十三章・六十四章および二十九章であって、次の五十八章もまたこれに類するものといえよう。

「その政悶悶《もんもん》たれば、その民淳淳《じゅんじゅん》たり。その政察察《さっさつ》たれば、その民缺缺《けつけつ》たり。禍《わざわい》は福の倚《よ》るところ、福は禍の伏するところ。孰《たれ》かその極を知らん。それ正なし。正もまた奇となり、善もまた妖《よう》となる。人の迷えることその日固《もと》より久し。ここをもって聖人は方《ほう》にして割《かっ》せず、廉《れん》にして劌《けい》せず、直にして肆《し》せず、光りありて燿《かがや》かさず。」

悶悶《もんもん》とは、うちにこもってはっきりせず、心ゆるやかなさま。その政治がゆったりとしてはっきりしないと、その民の心はかえって競争にはしることもなく、ゆったりとして厚い。その政治がはっきりしすぎる（刑名をたて、賞罰を明らかにし、姦悪《かんあく》をとりしまるというように）と民の心は競争にはしり、徳に欠けるところが出てくる。いったい、禍《わざわい》には福がよりそい、福のうちにも禍はひそむ。だれが禍福の分かれ目が甚《はなは》だ微妙で測りがたいことを知ろうか。物事にはこれと決まった正というものはない。正とされるものもまた邪（奇）となり、善とされるものもまた不善・悪（妖《よう》）となる。人が目先の是非・善悪・禍福に迷い、道を失ってきた日々はすでに久しい。そこで聖人はさだめ（方）をもってはいるが、それによって物事をふるい分け、一方の善・正のみを取って他方の邪・悪を捨て去らない。いさぎよさはあるが、それによって傷つけ（劌《けい》）ない。まっすぐではあるが決めつけない。光り輝いてものの鑑《かがみ》となるが、すみずみまであばきださない。

ここに描き出された聖人の徳政は、四十一章の「大方《たいほう》は隅《すみ》なし」〈最も大きな四角（かど）は隅のないように見える〉、四十五章の「大直は屈するが如《ごと》し」〈どこまでもまっすぐにのびているものは屈曲しているように見える〉、四十一章の「明道は昧《くら》きがごとし」〈明らかな道はかえって目に見えないからくらいもののようである〉などに表現されている論理の具現である。限りなく大きいもの、いや、大きい小さいの〝大きい〟ではなく、形なき大きさこそ道であってみれば、そこからものに向かえば、いわゆる「本を崇《たっと》んで末を息《やす》んずる」態度が身に得られ、つねに分ける・棄てる・攻める・あばく・決めつけることよりも、その対象を包み込み、覆《おお》い尽くす度量が示されるであろう。老子のいわんとするところ、何事も分析し、区別し、取捨する知識の立場とはきわめて対照的である。まさに〝大陸的〟な、腹をすえ、大地に腰を落ち着けた態度というべきであろう。

「知に働けば角が立ち、情に棹《さお》させば流される。」といって、この住みにくい世の中に、〝非人情〟という落ち着きどころを発見した漱石《そうせき》も、中国古典の愛読者であり、深い理解をもっていた人だった。晩年における〝則天去私《そくてんきょし》〟の思想も、広くは東洋的、具体的には中国古代人の真の知恵に目ざめさせられての結果であった。漱石の苦悶《くもん》した〝自我〟ないし〝エゴイズム〟こそ、老子流にいえば分別智の世界、知の立場以外の何ものでもなかった。自己を捨てようとして捨てきれないのが自我の執着である。かといって、自我を棄て去り、それを放置しては大道に衷する主体の確立はあり得ない。自我を放棄せずして自我なき自己を得る——そこに老子の真知がある。

夏目漱石

愚《ぐ》の真義

次の六十五章も、また自我の智を克服することを提唱したものである。

「古《いにしえ》の善く道を為《おさ》むる者は、もって民を明《めい》にするに非《あら》ず。まさにもってこれを愚《ぐ》にせんとす。民の治めがたきは、その智《ち》多きをもってなり。故《ゆえ》に智をもって国を治むるは国の賊《ぞく》、智をもって国を治めざるは国の福なり。この両者を知るも、また稽式《けいしき》（諸本多くは稽《けい》を楷《かい》に作る。両字古音同類にて相通ず）なり。常に稽式を知る、これを玄徳《げんとく》という。玄徳は深く遠し。物と与《とも》に反《かえ》る。然《しか》る後にすなわち大順に至る。」

古《いにしえ》の道をよくおさめた有徳者の治政は、民を明にするのでなく、愚にしようとした――この章の冒頭から推して、従来これは愚民政治を標榜《ひょうぼう》したものとされる説がある。しかも、武内義雄博士などは、この章を法家（慎到《しんとう》？）の言だとする意見を述べている。

〝民を明にせず、愚にする〟といっていること、およびこれに付随して〝民を治めにくいのは、彼らに智が多いから〟だという点が問題になる。しかし、果たしてこれが愚民政治を提唱したものかどうか、という点になると筆者はそれをとらない。これを愚民政治論だというのは、きわめてあさはかな解釈である。

すなわち、ここで〝民を明にしない〟の〝明〟は、十六章の「命に復《かえ》るを常という。常を知るを明という」、三十三章の「人を知る者は智なり。自《みずか》ら知る者は明なり」、五十二章の「小を見るを明といい、柔を守るを強という」、五十五章の「和を知るを常といい、常を知るを明といい、生を益すを祥という」などに用いられている意味と異なる。ここでの〝明〟は目を開けてあのものを見、このものを見るの明であり、あのことを知識し、このことを知識するの明である。要するに〝多見〟である。こざかしい多見や巧偽《こうぎ》によって、ありのままの心を失わせないようにすることが、「明にするに非ず」して民を「愚《ぐ》にする」ことに通ずるのである。王弼が、愚とは「無知にして真を守り自然に順うなり。」と解しているが、まことに当を得た注といわなければならない。

それゆえに、「智《ち》によって国を治むるは、国の賊、智をもって国を治めざるは国の福」というのである。老子の治は、無治の治である。それはまた、すでに述べたように、無為・無事・好静・無欲にして民をおのずから化せしめ、富ましめ、樸ならしめる治でもあった。(五十七章) 政治の場にたつ者が智術をもって国を治め民を動かそうとすれば、そのように心が動いたときすでに作為によって民を法にしばりつけ、民の不善をあばきたてようとする智が働くことになる。為政者が民を信ぜず、民を決めつけようとすれば、民もまた巧詐《こうさ》によってそれを免れようとする。ゆえに智による政治は国を破る原因となり、そのようでなく、無治の治——無為の治をもってすれば国の福は致されるのである。

この二つのことがらを知っているのも、為政者として同ずべき範式《はんしき》である。この範式を知っている、それを玄徳という。玄徳は奥深く遠くして万物を容《い》れ尽くすことができる。すべてを載《の》せ尽くす大もとへ物とともに返っていく。そのようになって初めて大順——大なる因循《いんじゅん》の道に行きつくことができる。これが六十五章の解釈である。〝大順〟とは、順はしたがうの意で、ものの自然に因《よ》り順《したが》うこと、大順はだから、およそ存在するもの・ことのおのずから然る相に、あげて順っていくことである。まさに無名の樸に至りつくことをいうと解すべきであろう。

不争の徳治

さて、仏教では〝三宝〟があり、仏・法・僧を説くが、『老子』でも六十七章において三宝をあげ、道の具体的実践に資している。その及ぼすところは、つねに天下であってみれば、これもまた治政にかかわるものとしてここにあげてよいであろうし、また、この六十七章の主旨には、「敢《あえ》て天下の先とならず」という、「不争」の思想があるので、以下にこれに関連して、六十六章・六十八章・八章・二十二章・八十一章・七十三章の「不争」にもふれておこう。

まず六十七章をみると、

「天下皆我が道は大にして肖《に》ざるが似《ごと》しという。それただ大、故に肖《に》ざるが似し。若《も》し肖《に》れば久しいかな、その細たること。我に三宝あり。持してこれを宝とす。一に曰《いわ》く慈《じ》、二に曰く倹《けん》、三に曰く敢《あえ》て天下の先とならず。慈《じ》なるが故によく勇、倹なるが故によく広、敢て天下の先とならざるが故によく成器の長となる。今慈を舎《す》てて勇を且《と》り、倹を舎《す》てて広を且《と》り、後を舎《す》てて先を且《と》らば、死せん。それ慈もって戦えば勝ち、もって守れば固《かた》し。天まさにこれを救わんとし、慈をもってこれを衛《まも》るなり。」

天下の人は皆、この道があまりにも大であって、この世の何物にも肖《に》てないという。まことに、ただただ大きくて何物にも肖ていない。もしこの世の何かに肖ていたら、そんなものはとうの昔、くだらぬものになりさがっていただろう。わたしには三つの宝があって、しっかりとこれを守り通している。一には慈、二には倹、三には進んで天下の人々の先に立たない、これをいう。(人・物を)よくいつくしむからこそ、勇であり得、よくつつましやかであるからこそ、広く及ぼすことができ、進んで人の先に立とうとしないからこそ、よく人・物の長となる。今、慈をすてて勇であろうとし、倹をすてて広く及ぼそうとし、人に後《おく》れることをやめて先に立とうとすれば、身を滅ぼす。慈をもって戦うから勝ち、それをもって守るから固いのだ。天がこれを救おうとし、さらに慈でもってこれを衛《まも》るのだ。

先に述べたように、この章は結局、道の徳としての三宝を説きながら、それが国を衛り、民を守る為政の具体的方途を示しているのである。従来紹介してきたところは、主として内政の徳治であったが、今や他国との関係において、対外的な徳治が論ぜられるに至った。これをわれわれは「争わない」という老子の姿勢の中でさらに読みとってみよう。

「……ここをもって、聖人上に処《お》りて民重しとせず。前に処りて民害とせず。ここをもって、天下は推すことを楽しみて厭《いと》わず。その争わざるをもっての故に、天下よくこれと争うことなし。」（六十六章、既出）

「善く士たる者は武ならず。善く戦う者は怒《ど》せず。善く勝つ者は與《くみ》せず。善く人を用いる者はこれが下となる。これを不争の徳という。これを人を用うるの力という。これを天に配するの極という。」（六十八章）

＜武はたけだけしいこと、怒はりきむこと、與は相手としないこと。「天に配するの極」とは、天の道（はたらき・徳）に不争の徳を合することの極《きわ》まり。＞

「上善は水の若《ごと》し。水は善く万物を利して争わず、衆人の悪《にく》む所に処《お》る。故に道に幾《ちか》し。居は善く地、心は善く淵、與は善く仁、言は善く信、正は善く治、事は善く能、動は善く時、それただ争わず。故に尤《とが》なし。」（八章）

＜上善は水のごときもの。水はよく万物をうるおしてゆきわたり、物にさからわない。衆人のきらうひくいところにたまる。故《ゆえ》に水の性《ありのまま》は道の働きに近い。居るところに落ち着き、心は静かで深く、人とくみしては仁を行ない、いうことは心の実《まこと》を、政はよく治まり、事はよく成し遂げ、動くには時をもってする。およそ水のように、もののあり方にすなおなのだから争うことがない。故にとがめもない。＞

「……自《みずか》ら見《あら》わさず、故に明らか、自ら是《ぜ》とせず、故に彰《あき》らか、自ら伐《ほこ》らず、故に功あり、自ら矜《ほこ》らず、故に長ず。それただ争わず、故に天下よくこれと争うことなし。古のいわゆる曲なれば全しとは、豈《あに》虚言ならんや。誠全くしてこれに帰す。」（二十二章、この章の前半は既出）

＜自らの智徳をあらわし示そうとしないから、かえってそれが明らかとなる。自らの言動を是（正しい）としないから、かえってその正当さがはっきりする。自らの力をひけらかさないから、かえってその功が成る。自らを賢として誇らないから、かえって人にすぐれる。そもそも争わないのだから、世の人々がこれと争うはずはない。古人が「曲っていれば安全だ」といったのは虚ではない。心の実が満たされていれば、言動はすべて道に帰一していく。＞

「信言は美ならず、美言は信ならず。善者は弁ぜず、弁ずる者は善ならず。知者は博《ひろ》からず、博き者は知らず。聖人は積まず。既《ことごと》くもって人の為《ため》にして己《おのれ》いよいよ有り、既《ことごと》くもって人に与えて己いよいよ多し。天の道は利して害《そこな》わず。聖人の道は為して争わず。」（八十一章）

＜実のあることばは美しくない。美しいことばは実がない。善行をなす者は口数が少ない。口数の多い者は善行をしない。ほんとうの知者は博識ではない。博識の者は（ほんとうのことを）知らない。聖人は自分のためにたくわえをしておかない。すべての人のために尽くしておのれに失うところがなく、すべてを人に与えておのれはいっこうに減ることがない（いよいよ多くなる）。天の道（働き）は人を利することにあって人を害しない。聖人の道（徳）は為すところがあって、しかも人と争わない。〉

「敢《かん》に勇なれば殺し、不敢《ふかん》に勇なれば活《い》かす。此の両者は或《ある》いは利し或いは害《そこな》う。天の悪《にく》む所、孰《たれ》かその故を知らん。ここをもって聖人は猶《なお》これを難《かた》しとす。天の道は争わずして善く勝ち、言わずして善く応《こた》え、召さずして自《おのずか》ら来たる。繟然《せんぜん》として善く謀《はか》る。天網《てんもう》は恢恢《かいかい》、疏《そ》にして失わず。」（七十三章）

〈強《し》いてふるう勇は人も物も生を全うさせない。やむを得ずしてふるう勇は人・物の生を全うさせる。この両者は同じく勇であるのに、ある時は利し、ある時は害《そこな》う。前者が天のにくむところであることはわかるが、さて、いったい、事に臨《のぞ》んでいずれが利（不敢《ふかん》の勇）でいずれが害（敢《かん》の勇）であるか、天意のおもむくところはだれにもわからない。そこで、聖人でもこれをむずかしいとしている。天意は常に物の自然にすなおでこれに順《したが》うから、物と争うことなくして何事にも勝つ。また、あれこれとことあげしないでもよく物に応じ、無為にしてその居に安んじていても、物はよく天の道に帰一し、ゆったりと落ち着いていて、しかもそのはかりごとはゆきとどく。天は、たとえば網のように目があらいけれども、しかもよく何ものをも覆《おお》い包んでもらさない。〉

以上、「不争」の徳について、いくつかの章をあげてみた。これをひと言にして要すれば、次の通りである。そもそも道は万物の母《もと》、万有の由《よ》って生ずる宗《もと》であって、あらゆる現実相における立場の相違も、またそれに従来するところの是非・善悪などの対立も、そのいっさいを覆い包み、含み込む働きをもっていた。そのような道は、別言すれば〝ものの自然に因《よ》り順うこと〟としてたてられたものであった。ものの自然に由り順うとは、もの・ことのおもむくところにすなおであることを意味し、それによって初めて個物を個物として生かし落ち着けることができるからであった。自己の作為によって、ものを生かし落ち着かせるのではなく、ものの自然にまかせ順うから、ものを個別に即して生かすことができるのである。もしそうであるならば、どうして道（無為）を体得した無欲・無事・守静の聖人が人・物と争うことがあろうか。老子が天の道というも、単に道というも、要は、右のような立場なき立場、無為のところに在って、不争の徳を実現する方途を示したものにほかならない。

そして、外に向かう為政の道こそ、またこの不争の徳の具体的実現でなければならないのである。力の誇《こ》示《じ》や、力による他国への侵攻が老子の思想においてはまったく否定される。ただ、他国をも、人をも、物をも包み込む道の体得によって、〃和光同塵《じん》〃を実現することこそが理想とされていたのである。

小国の治と大国の治

終わりに、老子に述べられている、小国の治と大国の治について紹介しておこう。

「小国寡民《しょうこくかみん》、什伯《じゅうはく》の器ありて用いざらしむ。民をして死を重んじて遠く徙《うつ》らざらしむ。舟輿《しゅうよ》ありと雖《いえど》もこれに乗るところなく、甲兵ありと雖もこれを陳《つら》ぬるところなし。人をして結縄《けつじょう》に復《かえ》りてこれを用いしむ。その食を甘しとし、その服を美とし、その居に安んじ、その俗を楽しみ、隣国相望《あいのぞ》み、鶏犬《けいけん》の声相聞え、民老死に至るまで相往来《おうらい》せず。」

これは八十章。老子の小国寡民《かみん》——小さい国で少ない人民——の思想は有名である。

小さい国に少ない人民が住む。さまざまな利器があってもこれを用いさせない。民には生命を重んじ居を移すような気をおこさせない（民が居を移すことはその為政者の治下を離れることで、治政のよろしきを得ていないゆえとされていた）。舟や乗車があってもこれを用いて遠くへ旅だつ気をおこさせない。甲《かぶと》や兵器があっても戦争などはいっさいやらないのだから、これをならべたてることもない。民には上古、縄《なわ》を結んで約束のしるしとしたような素朴な生活にかえらせる。その食物をうまいとし、着る服に満足し、住居に落ち着き、人々との交わりを楽しむ。互いに隣国を望みながら、すぐ近くでニワトリやイヌの声を聞き合いながら、老いて死ぬまで別に行き来しようとも思わない。

　これは一見きわめて閉鎖的な国を思わせるが、この章の本旨は、他人の家や他国は、外から見るととかくりっぱで豊かだとうらやましがる。したがって、また、苦しい生活が続くと、他国と往来し、他国へ移り住みたいと願うのが人民の一般であるから、そのような気持ちをおこさせないような政治をするのが、為政者のとるべき治政だ、ということである。

　結縄《けつじょう》の昔にかえらせようというのは、文明の進化を否定するというよりも、こざかしい知識ばかりがはびこっていたずらに争いを生む社会よりも、素朴淳厚《じゅんこう》な誠実みのある生活に返ることをよしとする、老子一流の〝無名の樸《ぼく》〟にかえる思想を示したものと解すべきであろう。

　これに反して、大国の治政はどうか。六十章では

「大国を治むるは小鮮《しょうせん》を烹《に》るが如《ごと》し。道をもって天下に莅《のぞ》めば、その鬼も神《たた》らず。その鬼神《たた》らざるのみならず、その神《たたり》も人を傷つけず、その神人を傷つけざるのみならず、聖人もまた人を傷つけず。それ両《ふたつながら》　相

傷つけず。故《ゆえ》に徳交《こもごも》帰す。」

とある。大国の治政は小魚を煮るようなもの。小魚を煮るとき、箸《はし》であまりかきまわすとくずれてだめになる。大国の治政もこれと同じく、あれこれと手を加え作為しないのがよい。(無為・無欲・無事の)道を修めて天下にのぞめば、物それぞれに所と落ち着きを得て、かえって鬼《き》(物形をはなれて無形と化した、もののこころ。物が死せば鬼＝帰となる)のたたりもない。それればかりかそのたたりは人を傷つけることもなく、聖人もまた人を傷つけることがない。このように鬼も人を傷つけることなく、聖人も人を傷つけることがなければ、鬼の神《たたり》なる無形の力も、聖人の聖なる有形の力も、ともに無為の徳と化して民に帰せられる。道があまねくゆきわたっていれば、(それが無為の徳となるのだが)鬼の神《たたり》も聖人の聖も、威《い》をたのみ力を用いないから、民に意識されることなくして天下はよく治まるというのである。大国を治めることもまた、老子にとっては無為の化以外にあり得ないのである。

また、大国と小国との対応については、続く六十一章において次のようにいう。

「大国は下流、天下の交なり。天下の牝《ひん》なり。牝は常に静をもって牡《ぼ》に勝つ。静をもって下《くだ》ることを為せばなり。故に大国はもって小国に下れば、小国を取り、小国はもって大国に下れば、大国に取らる。故に或《ある》は下りてもって取り、或は下りて取らる。大国は兼ねて人を畜《やしな》わんと欲するに過ぎず、小国は入りて人に事《つか》えんと欲するに過ぎず。それ両者は、各々《おのおの》その欲する所を得。大なる者は宜《よろ》しく下《くだ》ることを為すべし。」

大国とは川の下流のようなもの。天下の水がことごとく集まり会するところ、生きものにたとえれば牝《めす》のようなもの。およそ生きものの牝はつねに静で争わないから牡《おす》に勝つ。静をもって相手に下るからである。同じように、大国でありながら小国にへりくだれば小国を取ることができ、小国が大国にへりくだれば大国に受け容《い》れられる。だから、へりくだって取ることもできれば、逆にへりくだって自己を受け容れられることもできる。大国といっても、つまりは人をたくさん集めて養っているだけのことだし、小国もまた、大国のもとにはいっていって仕えようとするだけのこと。両者とも、それぞれ自らの欲するところを、へりくだることによって得ている。だから、大きいものから、まず小さいものにへりくだるべきである。

小国が大国に下れば、「取らる」を、文字通り併合されるという意味に解することもできる。それでも、老子流にいえば、牝のように、下流のように、下におり、静を守ることによってかえって自己の欲するところを取ることができる――と考えることができるであろう。要は、〝取られて取る〟の術である。

ここでもまた、大と小、力のあるとない、強いと弱い……といった世俗的なものは、すべて道においてみれば相対的であって、そのどちらかが決定的によしとされる理由のないことを説いているのである。〝強いものほど弱く、弱いものほど強い〟という論理が出てくるゆえんであり、老子が柔弱・消極・受身を重んずるのもこれによる。

もとに帰る

復帰とは

"道"について述べたところでも、しばしばふれてはいたが、老子の中には"復帰"ということばが散見される。それが"道"の思想と関連してきわめて重要な概念であることを注目しておきたい。まず、十六章に次のようにいう。

「虚《きょ》を致してきわまり、静を守りて篤《あつ》ければ、万物並び作《おこ》るも、吾はもってその復《かえ》るを観《み》る。それ物は芸《うん》芸《うん》たるも、各々《おのおの》その根《もと》に復帰す。根に帰るを静という。これを命に復るという。命に復るを常という。常を知るを明という。常を知らざれば妄《みだり》に作《な》して凶《きょう》。常を知れば容《い》る。容るれば公。公なれば乃《すなわ》ち王。王なれば乃ち天。天なれば乃ち道。道なれば乃ち久しく、身を没するまで殆《あや》うからず。」

わが心を虚に徹底し、どこまでも静を守っていれば、およそ存在するものが、さまざまに自己を主張して息ぶいていても、やがてはそれぞれそのもとに帰っていくのがわかる。いったい、万物は草の茂るようにさまざまに存在しているが、それぞれその根《もと》に帰る。根に帰れば静である。静に帰った状態を命（それぞれの存在のもとのありのままの姿）という。命に帰ることが常（ものの落ち着きどころ）である。だからものが本来在る在りかた（常）がわかることを明という。——これが文章の前半の解釈である。このような考えかたはどこからきているかというと、要するにそれは、「凡《およ》そ有は皆《みな》無より始まる（生ず）」という思想からである。このことについては、すでにくり返し述べたのでここでは多くを語らない。

現実に存在する個物に目をやれば、そこには物が互いに対立し、相依《よ》り、相待ちながら、さまざまな姿で存在している。しかし、そのような多様な存在も、つきつめてみれば〝存在するもの一般〟についに帰せられ、さらにそのような存在一般は、〝有〟として、〝無〟に相対する。それはあたかも、一がすべての数の出発点でありながら、逆にすべての数の帰着点でもあったように、〝在る一般〟はついに〝無〟に帰せられるのである。有は無に始まり、無より生ずるとは、何もない無から有が出てくるのではなく、在るものは、それをささえているもの（無）によって在る——という論理がそこに働いているからである。

天地の心をみる

この十六章において、「もとに帰る」といっている意味は、たとえば、王弼《おうひつ》が、『易』の「復《ふく》」の卦《か》、「復《ふく》はそれ天地の心を見るか」の解釈において示している論理からも十分にうかがえる。すなわち、

「復は本に反《かえ》るの謂《いい》なり。天地は本をもって心と為す者なり。凡《およ》そ動息《や》めば則《すなわ》ち静、静は動に対する者に非《あら》ず。語息《や》めば則《すなわ》ち黙《もく》、黙は語に対する者に非ず。然《しか》れば天地大にして万物を富有し、雷動《らいどう》風行、運化万変すと雖《いえど》も、寂然至《せきぜんし》无《む》は、これその本なり。故に動地中に息《や》めば、乃《すなわ》ち天地の心を見るなり。若《も》し其《そ》れ有をもって心と為せば、則《すなわ》ち異類《いるい》未だその存するを獲《え》ざるなり。」

と述べている。これを解釈してみると以下のようになる。すなわち、「天地は本をもって心となす者なり」とは、いかなる意味か。まず「心となす」とは、たとえば、朱子《し》（宋《そう》代儒学の大成者）によると、「心は身の主宰《しゅさい》なり」というように、心は（この場合、人の身ではなく、物事一般について）あらゆるもの・ことの働きの中心であり、それぞれのもの・ことの存在を存在たらしめているものである。したがって、天地が本をもって心となすとは、天地、すなわち万物をそれにおいて覆《おお》いかつ載《の》せ尽くしている天地には、何か本になるものがあり、それが天地のいっさいの働きの根本となり、また、それあるがゆえに、天地は天地として現実に存在（形而下《けいじか》的に）し得るのだ。それが本である、ということを意味している。

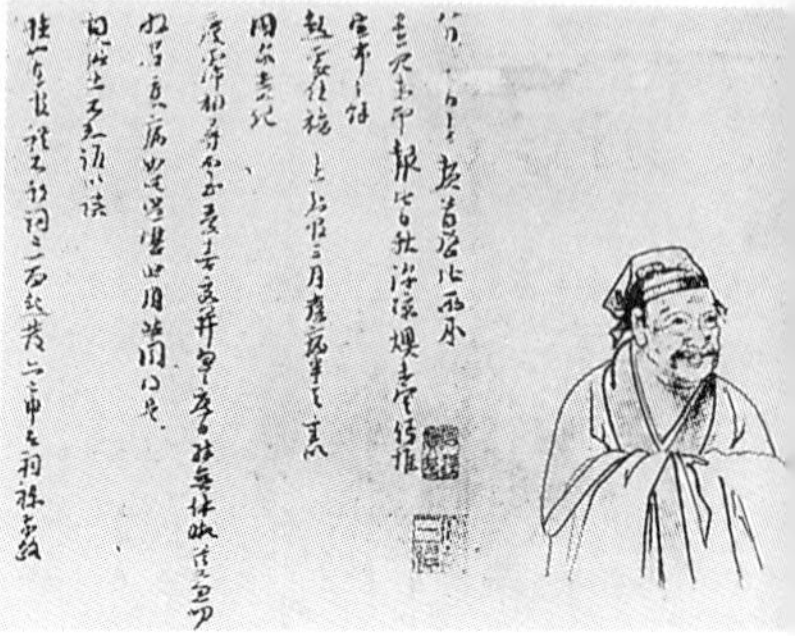

朱子の像とその手紙，文公はおくり名

次の「凡《およ》そ動息《や》めば静、静は動に対する者に非《あら》ず。語息《や》めば黙《もく》、黙は語に対する者に非ず。」とは、およそもの・ことで動いている状態がやめば静である。しかし、この静（もの・ことの動かざる状態、運動変化しない状態）は、動くということに対してあるのではない。球がころがるのは動であり、停止すれば静であるが、ここでの王弼のいいたいことは、この場合の静は、単に動いているものが静止するという、もの・ことの運動の相対的状況を意味しているのではない。

そうではなくて、ここにおける静、あるいは次の語るに対する黙するは、事物の生成・変化・消滅という運動の、理論的な前を意味している。個々のもの・ことが在る理論的な前は、そのもの・ことが現に存在するもとである。もととは、個々のもの・ことが生成する前であって、しかも個々のもの・ことがそこから生まれてくるところである。だから、もとの状態は、まだ個々のもの・ことが現実化されない前であり、このもの・あのものと区別される前を意味する。

したがって、次に「然《しか》れば天地大にして万物を富有し、雷動《らいどう》風行・運化万変《ばんぺん》すと雖《いえど》も、寂然至无《せきぜんしむ》はこれぞの本なり」というように、天地の間にあらゆるものは在り、雷動風行、運化万変、つまり、個々のものの個別的性格と特質において変化運動しているが、そのように在るについては、何かもとになっているものがある。それは寂然至无《せきぜんしむ》である、という。そのもとが王弼によると寂然至无だというのである。

つまり、天地の間に存在する個々のもの・ことは、現に目に見えるように生成・変化・消滅しているが、それは、何かそのようにさせる特別な力が働いてそうなっているのではない。そうなっているもとはまったくの静、まったくの无《む》であって、動に対する反動、作用に対する反作用のようなものではない。つまり、天地自然のもの・ことが運動しているもとは、まさしくおのずからそう在り〜成っていることであって、何らの作動的原因、外的な力、作為によってそのようになっているのではない。

だからこれに続いて、「故《ゆえ》に動地中に息《や》めば、乃《すなわ》ち天地の心見らる。若《も》しそれ有をもって心と為《な》せば、則《すなわ》ち異類未だその存するを獲《え》ざるなり」とある。すなわち、万物万象《ばんしょう》の雷動風行、運化万変がやめば、その停止閉息《へいそく》の状態は寂然至无《せきぜんしむ》であり、千化万変がそこから生ずるもとである。

そして、そのようなまったくの静、まったくの无《む》の状態にこそ天地の心がみられる。ここで天地の心がみ

程伊川の像

られるというのは、視覚的・感覚的にみられるのではなく、そのように体得し悟《さと》られる（思惟《しい》だけではない）ということを意味する。静—无は、単に形而《けいじ》下《か》的意味での、したがって、動や有に対する相対的なそれではない。ここでは、形而上的な性格を有するがゆえに、視覚的な主観を拒絶《きょぜつ》しているのである。

　さて、以上のように、天地万物の運動のもとは寂然至无《せきぜんしむ》であり、したがって、千化万変の働きには、何らの外的な原因もない。そのように千化万変しているのは、つねにおのずからしかる（そう成る～在る）のであって、そうさせるものはないのであるから、もしも、「有」即ち千化万変している天地の働きの本が何かそうさせている有為《ゆうい》の力であるとすれば、その有為の力には必ず〝我《が・われ》〟——とらわれたる自己が内容されてくる。そうすると、この我（作為者としての）にくみしないもの（異類）は、天地の間にその具体的存在を許されなくなる。元来、天は万物を覆《おお》い、地は万物を載《の》せるのだが、物我にこだわり、我の作為にくみしないものを相容れないならば、天地の本来のすがたは失われる。

　天地の間において、それぞれのもの・ことが、それぞれに安寧《あんねい》～落ち着きを得て、それぞれの働きを全うするためには、天地に作為～憑《つ》かれたる我心があってはならない。天地の心は、まさしくこのゆえに、まったくの无《む》～无為でなければならない。現に天地がいっさいのもの・ことを覆《おお》い載《の》せ尽くし、個々のもの・ことが千化万変しているのは、天地が無為をもって心としているからである。

以上が「復はそれ天地の心を見るか」の王弼の解釈である。『易』のこの条の意味は、王弼のこのような解釈でなくても通る。現に宋代の程伊川《ていいせん》や張横渠《ちょうおうきょ》や朱子《しゅし》は、異なった解釈をしている。その意味において、王弼の解釈はまったく老子的であるということができるとともに、「復」の意味がかなり明瞭《めいりょう》にされ得たであろう。

先の老子十六章における、復・静・命・常も、王弼の注を解釈した右の論理に包摂されるといってよい。

二十八章の
「その雄《ゆう》を知りて、その雌《し》を守れば、天下の谿《たに》となる。天下の谿となれば、常徳ははなれず、嬰児《えいじ》に復帰す。……」

というのも、天下の谿はあらゆる雨水を集めて流すもとであって、嬰児にかえること、それ自体が、老子の道の体得、すなわち、常徳をはなれないゆえんである。別に「無名の樸《ぼく》」に帰るというのも同じ意味である。

あらゆる作為をはなれ、是非・善悪の相対を超《こ》え出で、ものの自然にたちかえる――そこにこそものの真があり、ものの極篤《きょくとく》を得、虚静《きょせい》を守る、無為の徳が現成するのである。

あとがき

哲理に生きる

「……哲学の、理屈《りくつ》の、詮索《せんさく》に向から点からいうと、抽象的思索《しさく》に長《た》けているのは、東洋人よりも西洋人のほうがえらい。それだけ西洋哲学者には、人格として感心すべきものがない。いわゆる、「哲人」とか「聖者」とかいうのは東洋のほうに多い。

それはなぜかというに、理屈は明白である。「哲学者」の思索は生活そのものに即せぬ。東洋では「哲理」を生きてゆこうとつとめる。理から行《ぎよう》に移るのではなくて、行から理を開き出さんとする。つまり、東洋では生そのものを美化する。

これをするのは、「無心」とか「無念」とかいう境地を体得しなくてはならぬ。そうしようとたくまぬ心を、まず体得して、それから、思うままに行動する。……」

右の文は、仏教を世界的に広めようと努力した有名な鈴木大拙《だいせつ》博士の『東洋的な見方』(春秋社刊)に収められている「東洋哲学について」の一節である。東洋の哲学および哲学者と西洋のそれとの相違がきわめて対照的に描《えが》き出されている。もちろんこのような対照的な見かたが決定的に正しいというのではないだろう。

しかし、東洋的なものの根底には、つねに哲理に生きようとする生そのものの美化、したがって「無心」

「無念」「そうしようとたくまぬ心」といった境地の体得が求められているとした点は、まことによく東洋思想の特質をつかんでいるように思われる。

大拙博士は、〃禅《ぜん》〃を通して深く仏教の哲理を悟得《ごとく》しておられたのであるが、ここにいわれていることは、〃禅〃だけでなく、今までわれわれが考察してきた老子の思想にも共通しているといってよいであろう。

すでにくり返し述べてきたように、老子思想の根幹は無為自然の道に徹底し、その道を徳として日常具体のなかに実現することであった。「道は常に為すなくして為さざるなし」（道常無為而無不為）というとき、この無為は「自然に順《したが》う」ことだとされた。自然とは、「もののありのままの姿」であり、「もののおのずからそう在る〜成る」実相そのものであった。要するに「あらゆる作為を捨ててものの自然に帰れ」と教えるのが老子の思想であり、そのようにしてこそ、初めて人をも含めた個別存在を、その個性にしたがって生かし育てることができるとされたのであった。その意味では、「ものの自然」とは、存在の理（ことわり）である。人間世界におけるあらゆる事象も、物も、この存在の理からはずれたとき本来の生命《いのち》を失うことになる。

しかし、老子の存在の理は、たとえば中国宋《そう》代に興《おこ》った〃道学〃と総称される学問思想のなかで説かれた〃理〃や、西洋ではカントの〃実践理性〃〃義務の声〃のごとき峻厳《しゅんげん》なひびきをもたない。あらゆる傾向性（心の欲求にしたがうかたむき）を廃絶して、ただただ「汝《なんじ》為すべし」という義務の命令に従えと説いたカント。あらゆる私欲を克服《こくふく》して本然《ほんねん》の性に帰れと説いた朱子《しゅし》。心の発動するところですでに私欲を克倒《こくとう》していなければならぬと説いた王陽明《おうようめい》。その他、一般の道徳説には、きびしい戒律《かいりつ》のごとき規範《きはん》がたてられている。それに対して、老子の説く無為自然の道は、言葉をかえていえば「万物の母」であった。また、あらゆるものを覆《おお》い、あらゆるものを載《の》せてやまない天と地の働きでもあった。人間においては「赤子《あかんぼう》」にたとえられ、あらゆる河川の水を集める深い谷、低く流れてやまない水の流れにも、道の姿（もののことわり）が写し出されていた。

『老子』を読んでいるとふしぎに肩の凝《こ》りがとれ、気の安まる思いがする。それは思うに、このような「自然に帰れ」という根本の思想がわれわれに与えるやわらかさの故であろうか。東洋でも西洋でも、思想・文化の源流近くにあるものの考えかたはすなおである。『論語《ろんご》』を読んでも、プラトンによって記録されたソクラテスの言行を思い起こしても、そのように思われる。時代がくだり、著作がぼう大になるほど、たしかに偉大な思想ではあろうが、そこにはつくられた思想のおもむきがある。

対立のなかにいて対立を超える

およそ物の在りかたはこのようになっているのだ。およそ人間とはこのようなものだ……と説く老子の言葉の底には情意がこめられている。〝理性〟や〝神〟の冷厳《れいげん》な声でなく、人の真情がわれわれに語りかけてくる。善《ぜん》をよしとし、悪を成敗《せいばい》するところに人間世界のすじみちをたてるのではなく、善と悪とに分かれる、そのもとのところにどっしりと居を構《かま》えるのである。「聖人は、きまった形、きまった名をたててものを検《ただ》さないから、よく人を救い人を棄《す》てることがない。物を救い物を棄てることがない。これを明《めい》（自然の道）に因《よ》るという。そうなると善人は不善人の師であり、不善人とても善人の反省の資（よりどころ）である。その師をたっとばず、その資を愛しないことには智者でも大いに迷う。」（二十七章）人をも物をも生かし育てて棄てることがない——善悪・是非《ぜひ》の相対する一方の立場だけにたってこれを固執《こしつ》すれば、必ず他方を成敗《せいばい》し棄てなければならない。老子における人間への限りなき信頼は、大道の行なわれるところに善悪・是非の相対的価値評価は生じ得ないとする、人間存在の根本的な在りかたにかかわってくる。「生きている人間はやわらかで弱いが、死ぬと堅《かた》くこわばる。およそ草木に至るまで生物は生きているときはやわらかくもろいが、死ぬと枯れて堅くなる。だから堅く強いものは死の仲間であり、やわらかく弱いものは生の仲間である。兵が強すぎるとかえってやぶれる。木が堅すぎるとかえって折れる。故《ゆえ》に強く大きいものはかえって下におり、やわらかく弱いものは上にいる。」（七十章）われわれはまた、ここにも自然の道に帰るべきことわり（およそ在るものの在りかた）をみることができる。

大拙博士のいわゆる「無心」「無念」「そうしようとたくまぬ心」は、老子のいわゆる「無為」「無知無欲」「樸《ぼく》」「嬰児《えいじ》」「柔弱《にゅうじゃく》」「静」である。また『論語』における「君子は器《うつわ》ならず」（よくできた人は特定の用にしか役だたない器の如《ごと》きものであってはならぬ。一方一所に偏した立場にたつものは成徳者ではない——の意）「君子の天下におけるや、適《てき》もなく、莫《ばく》もなく、義とともに従う」（君子は無適・無莫、つまり、可もなく不可もないところ、われもよしとし人もよしとするところに処すべきである。特定の立場や規準に従って行為する器であってはならない——の意）も同じことである。さらに『荘子《そうじ》』においても「道通じて一となす」「これを和するに是非《ぜひ》をもってし、天《てん》釣《きん》に休する」「これを和するに天倪《てんげい》をもってし、これに因《よ》るに漫衍《まんえん》をもってす」という。ここでの〝天釣《てんきん》〟〝天倪《てんげい》〟〝漫衍《まんえん》〟は要するに是非・善悪の比較相対の域を脱しきった道である。事物の一端に固執《こしつ》し、作為に身心を労することなく、およそ存在するものの自然にまかせて自己を主張しない。そこにおいてこそ、不作為にしてかえって個々のものを生かすことができるとしているのは、老子の説くところと変わりはない。

　このようにみてくると、東洋的な思惟《しい》の根底には、つねに現象の世界の対立・相待《そうたい》をすなおにみとめ、それらの対立・相待の在る場所、生起する根源にたち帰って、そこからものを見、そこにおいて身を処するという考えかたがあるように思われる。対立する世界を絶対的矛盾としてそのどちらかにくみするのではなく、是非も善悪も、否定も肯定も、その対立の生起する根源の場所において同一化してしまうのである。そしてそこに生きることによって、かえってものも人も生かす——という太くたくましい意欲をみることができるのである。対立する世界のほかに実体をたてるのではなく、対立する世界そのもの、対立していることそれ自体をおよそ存在するものの存在のしかたとして全体的に把握していく。仏教において説かれる〝諸法《しょほう》実相《じっそう》〟もまた、端的にいってみれば、このような見かたの方向にあるとしてさしつかえないのではなかろうか。比較相対の域に身をおきながら、それを超《こ》える——つまり、有限なる存在、生老病死につきまとわれて離れることのできない因縁所生《いんねんしょしょう》の世界にいながら、それをそれとして観《かん》じ悟《さと》ることによって、とらわれた心、作為する心、のがれようとする心、そうしようとたくらむ心から解脱《げだつ》し、かえってもの本来の「ありのままの姿」に心を安んずることができるのである。

参考文献・テキストなど

終わりに、参考文献・テキストなどについて一言しておこう。くれぐれもことわっておくが、古典の解説や紹介は、あくまでそれを行なった個人の見方に帰する。いかに客観的に解説し紹介しようとしても、すでにそうしているのが個別的な主体の作業であってみれば、いわゆる、言葉の字義通りの客観性などは確保できるものではない。そこで読者は、本書をもって『老子』への入門とし、真に老子思想を把握するために、直接『老子』に当たって、そのなかで老子に触発《しょくはつ》されながら「自己」を読んでほしいと思う。

わたくしは、本書を書くに当たって、中国・日本のたくさんの研究書や、現在までに伝わっている諸本(テキスト)を見比べた。そのなかで、思想内容の解明に当たってもっとも多く用いたのは、王弼《おうひつ》(二二六〜二四九)の『老子註』である。わずか二三歳で亡《な》くなったこの若き天才的学徒は、『老子』と『易』に注を施《ほどこ》しているが、『老子註』はその核心をえぐる思想解釈において、古今に卓絶《たくぜつ》している。また、諸本の校訂《こうてい》と読みについては、焦竑《しょうこう》の『老子翼《よく》』、馬叙倫《ばじょりん》の『老子覈詁《かくこ》』、陳登澥《ちんとうかい》の『老子今見《きんけん》』、高亨《こうこう》の『老子正詁《せいこ》』、恩師である原富男博士の『現代語訳老子』、武内義雄博士の『老子原始』などによった。テキストは異本が数多くあるが、王弼本、河上公《かじょうこう》本、傅奕《ふえき》本、開元御註《かいげんぎょちゅう》本の四種が根本的な異本である。ここでは、『古逸叢書《こいつそうしょ》』本および『無求備斎《むきゅうびさい》老子集成』本のうち、「王弼注本」を中心とし、河上公本その他を見比べた。文字の異同取捨《しゅしゃ》については煩雑《はんざつ》をさけるためいちいちことわっていない。

参考文献

■ここでは、まず専門的なものをあげてみる。ただし中国の専門的研究書は、ここではあげないことにする。

老子翼（漢文大系 9）
（明）焦竑　服部宇之吉校訂　冨山房　明治44・8
老子原始　武内義雄　弘文堂　大正15・10
老子の研究　武内義雄　改造社　昭和2・6
老子と荘子　武内義雄　岩波書店　昭和5・7
老荘の思想と道教　小柳司気太　関書院　昭和10・10

■最近の刊行本で専門的なもの、比較的手にはいりやすいもの、読みやすいものなどをあげてみた。

孔子と老子　諸橋轍次　不昧堂書店　昭和27・7
掌中老子講義　諸橋轍次　大修館　昭和29・1
老子の新研究　木村英一　創文社　昭和34
現代語訳老子　原富男　春秋社　昭和39・10
老子原義の研究　加藤常賢　明徳出版社　昭和41・3
老子・荘子（新訳漢文大系 7）
阿部・山本・市川・遠藤　明治書院　昭和41・10
老子（中国古典新書）
山室三良　明徳出版社　昭和42・3
老子の哲学　大濱皓　勁草書房　昭和42・6
孔子と老子（ヤスパース選集 22）
ヤスパース　田中元訳　理想社　昭和42・9

さくいん

【書名】

【人名・地名】

【事項】

—完—

B

老《ろう》　子《し》■人と思想《しそう》1　　定価はカバーに表示

1970年7月15日　第1刷発行©
2015年9月10日　新装版第1刷発行©
2017年5月30日　新装版第2刷発行

・著　者 ……………………………高橋《たかはし》　進《すすむ》
・発行者 ……………………………渡部　哲治
・印刷所 ……………………法規書籍印刷株式会社
・発行所 ……………………株式会社　清水書院

〒102-0072　東京都千代田区飯田橋3-11-6
Tel・03(5213)7151～7
振替口座・00130-3-5283
http://www.shimizushoin.co.jp

検印省略
落丁本・乱丁本は
おとりかえします。

CenturyBooks
Printed in Japan
ISBN978-4-389-42001-7

CenturyBooks

清水書院の〝センチュリーブックス〟発刊のことば

近年の科学技術の発達は、まことに目覚ましいものがあります。月世界への旅行も、近い将来のこととして、夢ではなくなりました。しかし、一方、人間性は疎外され、文化も、商品化されようとしていることも、否定できません。

いま、人間性の回復をはかり、先人の遺した偉大な文化を継承して、高貴な精神の城を守り、明日への創造に資することは、今世紀に生きる私たちの、重大な責務であると信じます。

私たちがここに、「センチュリーブックス」を刊行いたしますのは、人間形成期にある学生・生徒の諸君、職場にある若い世代に精神の糧を提供し、この責任の一端を果たしたいためであります。

ここに読者諸氏の豊かな人間性を讃えつつご愛読を願います。

一九六六年

SHIMIZU SHOIN

【人と思想】既刊本

老子	高橋　進
孔子	内野熊一郎他
ソクラテス	中野　幸次
釈迦	副島　正光
プラトン	中野　幸次
アリストテレス	堀田　彰
イエス	八木　誠一
親鸞	古田　武彦
ルター	小牧　治 泉谷周三郎
カルヴァン	渡辺　信夫
デカルト	伊藤　勝彦
パスカル	小松　摂郎
ロック	浜林正夫他
ルソー	中里　良二
カント	小牧　治
ベンサム	山田　英世
ヘーゲル	澤田　章
J・S・ミル	菊川　忠夫
キルケゴール	工藤　綏夫
マルクス	小牧　治
福沢諭吉	鹿野　政直
ニーチェ	工藤　綏夫
J・デューイ	山田　英世
フロイト	鈴村　金彌
内村鑑三	関根　正雄
ロマン＝ロラン	村上　嘉隆 村上　益子
孫文	横山　英 中山　義弘
ガンジー	坂本　徳松
レーニン（品切）	中野　徹三 高岡健次郎
ラッセル	金子　光男
シュバイツァー	泉谷周三郎
ネルー	中村　平治
毛沢東	宇野　重昭
サルトル	村上　嘉隆
ハイデッガー	新井　恵雄
ヤスパース	宇都宮芳明
孟子	加賀　栄治
荘子	鈴木　修次
アウグスティヌス	宮谷　宣史
トーマス・マン	村田　經和
シラー	内藤　克彦
道元	山折　哲雄
ベーコン	石井　栄一
マザーテレサ	和田　町子
中江藤樹	渡部　武
ブルトマン	笠井　恵二
本居宣長	本山　幸彦
佐久間象山	奈良本辰也 左方　郁子
ホッブズ	田中　浩
田中正造	布川　清司
幸徳秋水	絲屋　寿雄
スタンダール	鈴木昭一郎
和辻哲郎	小牧　治
マキアヴェリ	西村　貞二
河上肇	山田　洸
アルチュセール	今村　仁司
杜甫	鈴木　修次
スピノザ	工藤　喜作
ユング	林　道義
フロム	安田　一郎
マイネッケ	西村　貞二
エラスムス	斎藤　美洲
パウロ	八木　誠一
ブレヒト	岩淵　達治
ダンテ	野上　素一
ダーウィン	江上　生子
ゲーテ	星野　慎一
ヴィクトル＝ユゴー	辻　昶 丸岡　高弘
トインビー	吉沢　五郎
フォイエルバッハ	宇都宮芳明

平塚らいてう　小林登美枝
フッサール　加藤精司
ゾラ　尾崎和郎
ボーヴォワール　村上益子
カール=バルト　大島末男
ウィトゲンシュタイン　岡田雅勝
ショーペンハウアー　遠山義孝
マックス=ヴェーバー　住谷一彦他
D・H・ロレンス　倉持三郎
ヒューム　泉谷周三郎
シェイクスピア　福田陸太郎／菊川倫子
ドストエフスキイ　井桁貞義
エピクロスとストア　堀田彰
アダム=スミス　浜林正夫／鈴木亮
ポパー　川村仁也
フンボルト　西村貞二
白楽天　花房英樹
ベンヤミン　村上隆夫
ヘッセ　井手賁夫
フィヒテ　福吉勝男
大杉栄　高野澄
ボンヘッファー　村上伸
ケインズ　浅野栄一
エドガー=A=ポー　佐渡谷重信

ウェスレー　野呂芳男
レヴィ=ストロース　吉田禎吾他
ブルクハルト　西村貞二
ハイゼンベルク　小出昭一郎
ヴァレリー　山田直
プランク　高田誠二
ラヴォアジエ　中川鶴太郎
T・S・エリオット　徳永暢三
シュトルム　宮内芳明
マーティン=L=キング　梶原寿
ペスタロッチ　長尾十三二／福田弘
玄奘　三友量順
ヴェーユ　冨原眞弓
ホルクハイマー　小牧治
サン=テグジュペリ　稲垣直樹
西光万吉　師岡佑行
ヴァイツゼッカー　加藤常昭
メルロ=ポンティ　村上隆夫
オリゲネス　小高毅
トマス=アクィナス　稲垣良典
ファラデーとマクスウェル　後藤憲一
津田梅子　古木宜志子
シュニツラー　岩淵達治

タゴール　丹羽京子
カステリョ　出村彰
ヴェルレーヌ　野内良三
コルベ　川下勝
ドゥルーズ　鈴木亨
「白バラ」　関楠生
リジュのテレーズ　菊地多嘉子
リッター　西村貞二
プルースト　石木隆治
ブロンテ姉妹　青山誠子
ツェラーン　森治
ムッソリーニ　木村裕主
モーパッサン　村松定史
大乗仏教の思想　副島正光
解放の神学　梶原寿
ミルトン　新井明
ティリッヒ　大島末男
神谷美恵子　江尻美穂子
レイチェル=カーソン　太田哲男
オルテガ　渡辺修
アレクサンドル=デュマ　辻昶／稲垣直樹
西行　渡部治
ジョルジュ=サンド　坂本千代
マリア　吉山登